Workbook/Kete 6

MĀORI MADE EASY

**For everyday learners
of the Māori language**

Scotty Morrison

RAUPŌ

The *Māori Made Easy* Workbook/Kete series

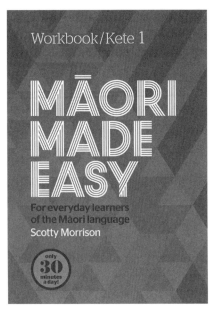

Pronunciation
Numbers
Greetings and farewells
Action phrases
Personal pronouns

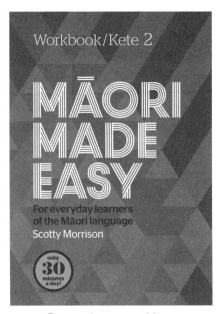

Possessive prepositions
Ā and Ō categories
Whānau and introductions
Tense markers
Locatives

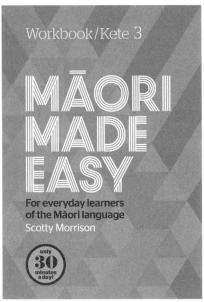

Descriptive sentences
Intensifiers
Past-tense questions and answers
Time, seasons and months

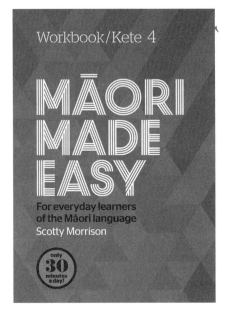

Passive structures
Giving orders
Stative verbs
Revision

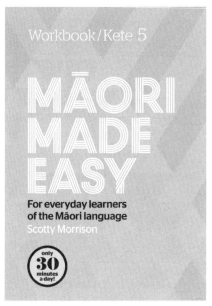

More on statives

More on passives

Using 'ai'

More on using 'hoki' and 'rawa'

Answering 'why' questions

Answering future-tense 'why' questions

Other ways to use 'ia'

When to use 'i' and 'ki'

When to use 'kē'

When to use 'ki te' and 'kia'

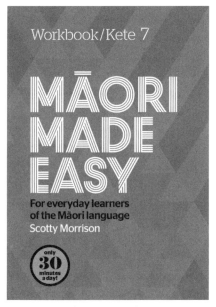

When to use 'hei'

Using 'kore' and 'me kore'

Using numbers

Using 'taihoa'

Describing objects and people

Expressing feelings

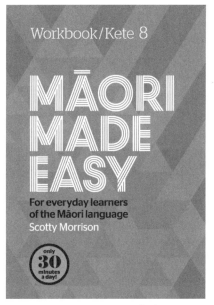

More on expressing feelings

Parts of the body

Ailments

Talking about food

Asking for and giving directions

Skills for telling a story

RAUPŌ

UK | USA | Canada | Ireland | Australia
India | New Zealand | South Africa | China

Raupō is an imprint of the Penguin Random House group of companies,
whose addresses can be found at global.penguinrandomhouse.com.

The *Māori Made Easy Workbook/Kete* series (5–8) first published as
Māori Made Easy 2 by Penguin Random House New Zealand, 2018
This workbook first published by Penguin Random House New Zealand, 2020

3 5 7 9 10 8 6 4

Cover design by areadesign.co.nz © Penguin Random House New Zealand
Text design by Sarah Healey and Shaun Jury © Penguin Random House New Zealand
Illustrations by Kiah Nagasaka
Printed and bound in China by RR Donnelley

A catalogue record for this book is available from the National Library of New Zealand.

ISBN 978-0-14-377453-2

penguin.co.nz

Contents

Introduction

Nau mai, haere mai! Welcome to the *Māori Made Easy Workbook/Kete* series!

Congratulations on your commitment to continue on from the first workbooks (1–4), and if you are starting the programme at this level after a year or so of studying te reo Māori in some other way, koia kei a koe! Just like the first four workbooks, this book has been designed to accelerate your learning and acquisition of the Māori language. It is structured to use just 30 minutes of your precious time each day. We are all time poor, so whenever you get 30 minutes to spare in your busy schedule, that's the best opportunity to do your Māori language study. No waiting for your night class to start, no travelling to the local wānanga or university. Press your reo Māori button for 30 minutes a day and get yourself to an intermediate standard of Māori language expertise!

The book is self-directed. The only online component is the weekly pāhorangi, or podcasts, you are required to listen to. These are scheduled in for Friday of every week, but I encourage you to listen to them over and over; they will be a big help in your language development. On every fifth week you will complete a set of exercises designed to revise what you learned over the previous four weeks. If you understand the written dialogue and the questions asked, and provide correct answers during these revision weeks, then the indicators are good that you are developing a sound understanding of te reo Māori. If not, go back and do the previous four weeks again to try to get the level of understanding that will enable you to move forward; or at the very least keep listening to the pāhorangi for those weeks. Whatever it takes. Learning te reo is a marathon, not a sprint, so take your time, relax, and learn at a pace that is comfortable for you.

Now, all answers to the exercises are at the end of the book but only check those once you complete each session – no cheating, e hoa mā! Each week follows a general structure beginning with an introductory proverb. There may also be a conversation between two characters, Mere and Māka, demonstrating the sentence structures that will be learned during the week. The idea is that you read their conversation with little understanding of what's being said, but by the end of the week, after all your study and exercises, you should be able to follow it.

There will be explanations and exercises to reinforce your knowledge around the new sentences and vocabulary of each week. A crossword rounds out most weeks to reinforce the vocabulary you have picked up, and to have a bit of fun.

Good luck, e hoa mā, and kia kaha!

Scotty Morrison
January 2020

The Learning Journey

I began to learn te reo Māori during my first year at university when I was 19. My first-year results were mediocre to say the least, but I began to socialise with native speakers of the language as my interest and understanding of it grew. In my second year, I flatted with two expert native speakers of Māori, and it was during that year that I attained a level of fluency. I was fortunate to be exposed to a more colloquial style of language in our flat (where Māori was basically the favoured language during the whole year) while continuing on with the more formal textbook-based learning style at university. Based on my experience learning te reo Māori, I now advocate the following pathway for learning a new language:

Year One

Me aronui
Focus

Me manawanui
Be determined and tenacious

Me kimi kaiako mātau, tautōhito hoki
Find an experienced and renowned tutor or lecturer

Me kimi wāhi āhuru
Make sure you feel safe and comfortable in your learning environment

Me whai kaupapa wetewete kōrero māmā noa iho
Learn grammar but in a light and easy format

Me aro ki te wairua me te hā o te reo
Connect with the essence of the language

Me kimi hoa ako
Find a friend to learn with you

Me aro ki ngā rerenga pū, ki ngā rerenga māmā noa iho
Keep it simple, learn the fundamentals

Me ako kupu kōrero e hāngai ana
Learn words and phrases you will use regularly

Me mātaki i ngā kaupapa ako reo ki runga pouaka whakaata
Watch and analyse Māori language learning programmes on television

Me whakarongo hoki ki ngā kaupapa ako reo ki runga reo irirangi
Listen and analyse Māori language learning programmes on the radio

Me hono atu ki te rautaki reo a tō iwi
Join the language strategy of your tribe or community

Me tāwhai i te reo o tō kaiako, o te hunga mātau hoki
Imitate the language style of your tutor and expert speakers

Year Two

Me kimi kaupapa rumaki
Look for an immersion learning programme

Me ako tonu i ngā kupu kōrero e hāngai ana
Continue to learn words and phrases you will use regularly

Me tāwhai tonu i te reo o tō kaiako, o te hunga mātau hoki
Continue to imitate the language style of your tutor and expert speakers

Me kimi hoa kōrero Māori, mātau ake i a koe
Find Māori-speaking friends, especially ones more fluent than yourself

Year Three

Me tīmata koe ki te whakarāwai, me te whakanikoniko i tō reo
Begin to garnish and adorn your language

Me aro ki te takoto o te kupu
Focus more on grammar

Me tāwhai tonu i te reo o tō kaiako, o te hunga mātau hoki
Continue to imitate the language style of your tutor and expert speakers

Weekend Word List

Tae tōmuri	Arrive late
Heamana	Chairperson
Whirinaki	Lean on / Rely on
Whati	Snap (stative)
Uiui	Question / Interview
Whakawhiwhi	Presented to / Awarded to / Receive
Hapāni	Japan
Hapanihi	Japanese
Rānana	London
Kiriweti	Ill-feeling towards / Annoyed
Whakarite	Organise
Mahere	Plan
Kaipara	Athlete / Athletics
Mihi	Acknowledge
Hau kāinga	Local people
Rongoā	Medicine / Remedy
Mātauranga	Knowledge
Tuhinga roa	Essay / Thesis
Pakipaki	Clap / Applaud
Whakatangi	Play an instrument
Tūhura	Reveal / Uncover

WEEK THIRTY-NINE
How to answer future tense 'why' questions and an introduction to an alternative passive sentence structure

Whakataukī o te wiki
Proverb of the week
E kore e taea e te rā te waru
Difficult matters require time to deal with them

At the end of last week, we learned how to ask a future tense *'why'* question with **He aha e . . . ai?** To begin this week, let's quickly learn how to ask *why not*. Putting the negative word **kore** into a *why* sentence structure should be familiar to you, especially after all your efforts during the past two weeks. Take a look at these examples:

He aha koe e haere ai?	*Why will you be going?*
He aha koe e kore ai e haere?	*Why will you not be going?*
He aha koe e horoi ai i tōna waka?	*Why will you be washing his / her car?*
He aha koe **e <u>kore</u> ai e** horoi i tōna waka?	*Why will you not be washing his / her car?*

In the negative sentence structure, we use the negating word **<u>kore</u>** and place it between the **e** and the **ai**. The *verb* shifts to after the **ai**, preceded by an **e**.

HARATAU – PRACTICE
Rāhina – Monday

 30-minute challenge

1. **Hurihia ēnei rerenga hei rerenga whakakāhore. Kātahi ka whakapākehātia ō rerenga whakakāhore.**
1. *Turn these sentences into negative form. Then translate your negative sentence into English.*
   1. He aha koe e tae tōmuri ai ki te kura?

      He aha koe e kore ai e tae tōmuri ki te kura?

      Why will you not be late to school?
   2. He aha koe e haere ai ki te whare o Mere?

      _____

      _____

3. He aha rātou e tautoko ai i a ia hei heamana?

_____

_____

4. He aha e whati ai i a koe tēnā pene rākau? (*Stative*)

_____

_____

5. He aha te whānau rā e whirinaki ai ki tērā kura hei kura mō ā rātou tamariki?

_____

_____

6. He aha kōrua e mārena ai? Tohe ai kōrua!

_____

_____

7. He aha e pakaru ai i a koe te matapihi? (*Stative*)

_____

_____

8. He aha te wahine rā e uiuitia ai? (*Passive*)

_____

_____

9. He aha te kurī e patua ai? (*Passive*)

_____

_____

10. He aha ia e whakawhiwhia ai ki taua tohu? (*Passive*)

_____

_____

Rātū – Tuesday

To answer future tense *why* questions, we still use, **He . . . nō** and **Nā te mea**. The difference with the **Nā te mea** answer is that it is quite often followed with a **ka** to remain consistent with the future tense form. However, there are also occasions when you will use **kei te**, **ko**, **kua**, and **he** after **Nā te mea** depending on what your answer is. When we used **Nā te mea** to answer the past tense **He aha i . . . ai** we placed an **i** after **Nā te mea** to remain consistent to the past tense form of the question. Here are some examples:

He aha koe e haere ai ki Hapāni?

Why will you be going to Japan?

He hiahia nōku ki te ako i te reo Hapanihi
Because I want to learn Japanese

Nā te mea kei te hiahia au ki te ako i te reo Hapanihi
Because I want to learn Japanese

Nā te mea ka hiahia au ki te ako i te reo Hapanihi
Because I want to learn Japanese

Nā te mea he pai ki a au tērā whenua
Because I like that country

Nā te mea kua haere taku tuahine ki reira
Because my sister has gone there

Nā te mea ko Hapāni tētahi o ngā whenua ātaahua o te ao
Because Japan is one of the most beautiful countries in the world

Another way of answering this question would be to simply say:

He aha koe e haere ai ki Hapāni?   *Why will you be going to Japan?*
Ki te ako i te reo Hapanihi   *To learn Japanese*

 30-minute challenge

1. Tirohia ngā whakaahua nei, ka kōwhiri ai i te whakautu tika.

1. Look at the pictures then choose the best answer.

(A) He aha koe e haere mai ai ki konei?

(B) He aha te wahine e kaukau ai?

(C) He aha au e moe ai?

(D) He aha te tama e tunu kai ai?

(E) He aha te kōtiro e haere ai ki te Hokomaha?

SUPERMARKET

(F) He aha ngā tāne e tohe ai?

Ngā whakautu:

Answers:

1. He hiamoe nōu
2. He kiriweti nō rāua ki a rāua
3. He hiahia nōku kia kite i a koe
4. He wera rawa nōna
5. He hiakai nōna
6. He kite nōna kāore he kai i te kāinga

2. Tirohia ngā whakaahua nei, ka kōwhiri ai i te whakautu tika.

2. Look at the pictures then choose the best answer.

(A) He aha te tama e hiki ai i te pouaka?

(B) He aha te tama e eke pahikara ai?

(C) He aha te kuia e pātōtō ai i te kūaha?

(D) He aha ngā wāhine e hui ai?

(E) He aha te kōtiro e waiata ai?

(F) He aha te kōtiro e oma ai?

Ngā whakautu:

Answers:

1. Nā te mea kei te whakarite rāua i te mahere ako mō te tau
2. Nā te mea he pai ia ki te waiata
3. Nā te mea kei te hiahia ia ki te kuhu ki roto
4. Nā te mea ko ia tētahi e haere ana ki te whakataetae kaipara o te motu
5. Nā te mea he pai ake te haere mā te pahikara i te hīkoi
6. Nā te mea ka hiahia tōna pāpā kia kawea te pouaka ki wāhi kē

3. Tirohia ngā whakaahua nei, ka kōwhiri ai i te whakautu tika.

3. Look at the pictures then choose the best answer.

Ngā whakautu:

Answers:

1. Ki te mihi ki te hau kāinga
2. Ki te tiki rongoā
3. Ki te kimi mātauranga mō tana tuhinga roa
4. Ki te kite i tana whanaunga i Rānana

Rāapa – Wednesday

 30-minute challenge

1. Whakapākehātia ēnei rerenga.

1. Translate these sentences into English.

1. He hiahia nōku kia kite i a koe

   _____

2. He wera rawa nōna

   _____

3. He hiamoe nōu

   _____

4. He hiakai nōna

   _____

5. He kite nōna kāore he kai i te kāinga

   _____

6. He kiriweti nō rāua ki a rāua

   _____

7. Nā te mea ka hiahia tōna pāpā kia kawea te pouaka ki wāhi kē

   _____

8. Nā te mea he pai ake te haere mā te pahikara i te hīkoi

   _____

9. Nā te mea kei te hiahia ia ki te kuhu ki roto

   _____

10. Nā te mea kei te whakarite rāua i te mahere ako mō te tau

    _____

11. Nā te mea he pai ia ki te waiata

    _____

12. Nā te mea ko ia tētahi e haere ana ki te whakataetae kaipara o te motu

    _____

13. Ki te kite i tana whanaunga i Rānana

    _____

14. Ki te mihi ki te hau kāinga

    _____

15. Ki te tiki rongoā

    _____

16. Ki te kimi mātauranga mō tana tuhinga roa

    _____

Rāpare – Thursday

Now it's time to learn an alternative passive sentence structure. You should now have a reasonable understanding of passives – these types of sentences:

Kei te āwhina a Rāwiri i a Mere	*Rāwiri is helping Mere*
Kei te āwhinatia a Mere e Rāwiri	*Mere is being helped by Rāwiri*
Kāore a Mere i te āwhinatia e Rāwiri	*Mere is not being helped by Rāwiri*

Don't forget the steps we need to take to turn an active sentence into a passive sentence. Always remember that the tense marker at the start of the sentence remains untouched. The **i** or **ki** drops out of the sentence and an **e** is placed in front of the agent of the action.

Step 1: Adjust the sentence from its original form . . .
Kei te āwhina a Rāwiri i a Mere

. . . to this (you are 'passifying' the verb or action word)
Kei te āwhinatia a Rāwiri i a Mere

Step 2: Place an **e** in front of the agent of the action:
Kei te āwhinatia e Rāwiri i a Mere

Step 3: Finally, get rid of that **i**:
Kei te āwhinatia e Rāwiri a Mere *or* Kei te āwhinatia a Mere e Rāwiri

The new sentence structure you are going to learn follows the same rules as a passive sentence. Take a look:

Passive	Alternative Passive
I whakatūpatoria au e ia	He mea whakatūpato au e ia
I tūrakina te rākau e te tama	He mea tūraki te rākau e te tama
I patua te manu e te ngeru	He mea patu te manu e te ngeru
I āwhinatia a Mere e Rāwiri	He mea āwhina a Mere e Rāwiri

So, here's what you need to know in order to use this alternative passive sentence structure properly:

1. Only use this alternative structure for something that has already happened, i.e. past tense!
2. The two words **He mea** take the place of the **I**
3. The passive ending is removed from the verb or action word.
4. The **e** stays where it is!

30-minute challenge

1. Hurihia ēnei rerenga kōrero ki te *He mea*.

*1. Change these sentences into **He mea**.*

1. I tino patua rātou e te hoariri

_____

2. I kōrerotia e ia te reo Māori

_____

3. I whakanuia tōna huritau e rātou

_____

4. I mekea e ia tōna ihu

_____

5. I wānangatia te kaupapa?

_____

6. I tohea e rātou te take nei, pau rā anō te rā

_____

7. I karangahia e te kuia rā te manuhiri

_____

8. I waeahia te tumuaki o te mahi e ia, he hiahia nōna ki te whai mahi

_____

9. I mātakitakihia e ia te hōtaka *Kairākau*

_____

10. I mārenatia e ia te wahine o ōna moemoeā

_____

2. Whakamāoritia ēnei rerenga, whakamahia *He mea*.

*2. Translate these sentences into Māori using **He mea**.*

1. The piano was played by her

_____

2. The food was cooked by the parents

_____

3. It was applauded by the people

_____

4. It was found by the boy

_____

5. It was uncovered by the police

_____

6. The house was painted by the tribe

_____

7. The biggest fish was caught by my older brother

_____

8. Our house was bought by my sister

_____

9. The meeting was run by the committee

_____

10. The TV was switched off by our dad because we (2) didn't listen

_____

Rāmere – Friday

🕐 **30-minute challenge**

1. Whakarongo ki te pāhorangi mō tēnei wiki:

1. Listen to this week's podcast at:

www.MaoriMadeEasy2.co.nz

2. E nanu ana ēnei rerenga, māu e whakatika (*He mea*).

*2. These sentences are jumbled. Put them in order (**He mea**).*

1. hoariri te mea patu he

_____

2. mea kōhete e ia he kōtiro te

_____

3. he whakanui tōna huritau e mea rātou

_____

4. hāparapara mea tōna ihu he te e tākuta

_____

5. mātakitaki ia e he mea inapō

_____

6. pōwhiri he inanahi rātou mea te e iwi

_____

7. karanga he hui mea te e te iwi o te kuia

_____

8. mea he ia pana tumuaki e te tōna o wāhi mahi

_____

No weekend word list this weekend, e hoa mā, but prepare for next week! It's your second revision week. A week designed to test where you're at, and if you are beginning to comprehend sentence structures and understand the language!

WEEK FORTY
Wiki Huritao – Revision week

Whakataukī o te wiki
Proverb of the week
Tangaroa piri whare
Walls have ears

Rāhina – Monday

 30-minute challenge

Pānuitia tēnei kōrero kei waenganui i a Atawhai me Anaru, ka tuhi ai i ō whakautu ki ngā pātai.

Read the dialogue between Atawhai and Anaru, then answer the questions.

Kei te roto a Anaru rāua ko Atawhai i te hokomaha.

Anaru: E kare, he aha kei te rārangi kai hei hoko mā tāua?

Atawhai: He hua whenua, he huarākau te nuinga. He aha koe i kore ai e haere ki te hokomaha inanahi? Mēnā i haere koe, kāore he take o te haere mai i te rā nei.

Anaru: He kore nōku i wātea. I pīrangitia au e taku māmā. He hiahia nōna kia ngaki au i tana māra.

Atawhai: Oh, pai tēnā whakautu. Nā te aha tō māmā i pīrangi ai ki a koe hei ringa ngaki i tana māra? Ehara koe i te ihu oneone.

Anaru: E hoa, māua māua ko te māra. Anō nei i whānau tahi au me te kō ki taku ringa!

Atawhai: E kī, e kī! E kata nei au, he kore hoki nōku e paku whakapono ki tēnā kōrero āu.

Anaru: Hā, e kata nei i tō kore whakapono mai.

Atawhai: Heoi anō rā, kei konei tāua ki te hoko kai, tīkina he tōneke, ka haere ai ki te hoko i ā tāua kai mō te wiki.

Anaru: Māku te tōneke e hautū, he pai nōku ki tērā mahi.

Atawhai: Kia tīmata ki ngā huarākau – kia tekau ngā maika, kia tekau ngā āporo, kia tekau ngā ārani . . .

Anaru: . . . me ētahi rōpere, he reka hoki nō taua kai. Mmm, mōwaiwai ana te waha!

Atawhai: Kei paheke koe i tō ake huare, e hoa!

1. He aha a Anaru i pīrangitia ai e tōna māmā?

2. Tuhia ngā kupu kei te ngaro: 'Kia tekau ngā _____, kia _____ ngā āporo, kia tekau ngā _____'

3. He aha te tikanga o te 'ihu oneone'?

   _____

4. I whānau tahi a Anaru me te aha ki tōna ringa?

   _____

5. He aha a Atawhai i kata ai?

   _____

6. Ko tēhea te whakapākehātanga tika mō, 'mōwaiwai ana te waha!'
   a. Mouth is bleeding
   b. Mouth is frothing
   c. Mouth is watering

7. He aha te kupu Pākehā mō 'maika'?

   _____

8. He aha a Anaru i kore ai i haere ki te hokomaha inanahi?

   _____

9. Mā wai te tōneke e hautū?

   _____

10. Whakapākehātia tēnei kōrero: 'Kei paheke koe i tō ake huare'

   _____

Rātū – Tuesday

 30-minute challenge

Pānuitia tēnei kōrero kei waenganui i a Atawhai me Anaru, ka tuhi ai i ō whakautu ki ngā pātai.

Read the dialogue between Atawhai and Anaru, then answer the questions.

Atawhai: Tēnā koe Anaru, e aha ana koe i te rā nei?

Anaru: Me haere au ki te whare o taku kuia.

Atawhai: He aha koe e haere ai ki reira?

Anaru: Ki te whakanui i tōna huritau.

Atawhai: E hia ōna tau?

Anaru: E waru tekau. Kei te mahi hāngi mātou ko aku mātua kēkē hei whāngai i ngā manuhiri.

Atawhai: Tokohia ka tae atu?

Anaru: Tokomaha tonu. Tōna rima tekau tāngata. Nā te mana nui o taku kuia ka tae mai nei te tokomaha. Koia te kuia karanga o tō mātou marae. Koia hoki tētahi o ngā kaitohutohu i te Kaunihera o Tāmaki ki ngā kaupapa Māori. Kei te haere ia ki tāwāhi ā tērā wiki.

Atawhai: He aha ia e haere ai ki tāwāhi?

Anaru: Ki te kōrero ki ngā iwi taketake o te ao mō te ahurea Māori.

Atawhai: Nā te aha ia i whakaae ai ki tērā tono?

Anaru: Taku whakapae, he hiahia nōna kia kite i ngā āhuatanga o Amerika. Kei Amerika hoki āna hui.

Atawhai: He aha koe e kore ai e haere i tōna taha?

Anaru: Ha ha! Nā te mea, kāore au i pōwhiritia!

Atawhai: Auē! I pōhēhē au ko koe tana makau!

1. Me haere a Anaru ki hea?
   _____

2. He aha a Anaru e haere ai ki reira?
   _____

3. E hia ngā tau o te kuia o Anaru?
   _____

4. Tuhia te kupu kei te ngaro: 'Kei te mahi _____ mātou'

5. Ka kai ngā manuhiri i te aha?
   _____

6. Tokohia ngā tāngata ka tae ki te huritau?
   _____

7. He aha ngā tūranga mana nui e rua o te kuia?
   _____

8. Āhea te kuia haere ai ki tāwāhi?
   _____

9. He aha te kuia e pīrangi ai ki te haere ki tāwāhi?
   _____

10. Whakapākehātia ēnei rerenga:
    a. taku whakapae =
    _____

    b. kāore au i pōwhiritia =
    _____

    c. I pōhēhē au, ko koe tana makau =
    _____

Rāapa – Wednesday

 30-minute challenge

Pānuitia tēnei kōrero kei waenganui i a Atawhai me Anaru, ka tuhi ai i ō whakautu ki ngā pātai.

Read the dialogue between Atawhai and Anaru then answer the questions.

Kei te papa rēhia a Atawhai rāua ko Anaru e mātakitaki ana i ā rāua irāmutu e tākaro ana.

Atawhai: Titiro ki ā tāua irāmutu, kei te tino harikoa rātou, nē?

Anaru: Āe! He maha ngā taputapu hōu o te papa rēhia nei, he porowhawhe, he māwhaiwhai, he tāheke, he tārere, he tīemiemi . . . he mea whakatū hoki e te Kaunihera.

Atawhai: He mea whakatū e te Kaunihera? Tika hoki!

Anaru: Āe! He mea whakahau rātou e te hapori, mea rawa ake, ka tū te papa rēhia nei me ōna taputapu hōu katoa.

Atawhai: Ka rawe! Hei . . . Tiki, kia tūpato, kei taka koe i konā! Heke iho koe ki raro! He manawa kaitūtae tērā irāmutu āu.

Anaru: He mea whakatipu ia e ōna mātua kia wehi kore, arā, kia manawa kai tūtae, *daredevil* nei, pēnei i tāu e kōrero nei.

Atawhai: Engari anō tana tuahine a Mereana. Titiro ki a ia, anō nei he mea whakatipu kia āta tūpato i ngā wā katoa.

Anaru: E hia ngā tau o Mereana ināianei?

Atawhai: E rima, kua tīmata kē ki te kura.

Anaru: Ki tēhea kura?

Atawhai: Ki te Kura Kaupapa Māori o Te Atarau. He mea tuku ia ki reira, he hiahia nō ōna mātua kia ako ia i te reo Māori.

Anaru: E tā, ka mahue te tuku mai ki a tāua, mā tāua ia e ako.

Atawhai: Waimarie tāua, he mea whakatipu tāua e ō tāua mātua ki te reo, nē?

1. Ki te reo Pākehā, he aha te tikanga o te kōrero rā, 'manawa kai tūtae'?
   _____

2. He aha te kupu Pākehā mō 'waimarie'?
   _____

3. Ko wai mā kei te papa rēhia?
   _____

4. Tuhia te kupu kei te ngaro: 'He mea whakahau rātou _____
   _____,'

5. Ko wai te ingoa o te tamaiti 'āta tūpato'?

_____

6. Kei tēhea kura a Mereana?

_____

7. He mea whakatipu a Anaru ki te reo Māori?

_____

8. He aha ngā taputapu hōu o te papa rēhia?

   a. _____

   b. _____

   c. _____

   d. _____

   e. _____

9. Tuhia te rerenga e kī ana, _'Be careful, you might fall from there! Get down!'_

_____

10. Tuhia te rerenga e kī ana, _'(They) should have sent (them) to us'_

_____

Rāpare – Thursday

 30-minute challenge

Pānuitia ngā tīwhiri, ka tuhi ai i te kupu.

Read the clues and guess the word.

1. Kāore e pirihonga ki te wahine kotahi 2. He pō he wahine, he pō he wahine 3. He tāne e moe ana i ngā wāhine maha	1. He whenua o te ao 2. He whenua nui te kaha 3. Te kāinga o te NBA	1. He hākinakina 2. Ka mau komo ringa 3. Muhammad Ali	1. He kōeko tō te mea nei 2. He tōwhiro 3. He tiakarete, he rōpere ētahi o ōna tāwara
_____	_____	_____	_____

1. Ka haere ki konei ki te īnoi 2. Kei reira te wairua o te Karaiti 3. Āmine	1. Ka hui te hunga rangatahi ki tēnei wāhi 2. He whare kiriata kei roto i te nuinga 3. He maha ōna toa	1. Kei roto i te moana 2. Kei te piri ki te toka 3. Ka rukua e te tangata	1. Kāore i mihi 2. Kei te hē te whanonga 3. Kua tū te ihu
1. He oranga 2. He kupu anō mō te māngari 3. Inā whiwhi koe i te Lotto, ko koe tēnei	1. He ako 2. Kei te Whare Wānanga tēnei mea 3. He māramatanga kei roto	1. He mahi nā ngā ringaringa 2. He mihi 3. Te pānga o tētahi ringa ki tētahi	1. Ka kai koe i tēnei mēnā ka māuiui koe 2. Ka hoatu te tākuta ki a koe 3. He mea whakaora
1. Ngā tāngata taketake o tētahi wāhi 2. Tangata whenua 3. Nō rātou te mana o te kāinga	1. Taumāhekeheke o te Ao 2. Usain Bolt 3. Mētara kōura	1. Kei reira te karaka nui o Pēne 2. Kei Ingarangi 3. Ka haere ngā rangatahi ki reira mo ā rātou OE	1. He whenua o te Ao 2. He porohita whero kei tōna haki 3. Kei reira te whaitua nui o Tōkio

Rāmere – Friday

 30-minute challenge

1. **Whakarongo ki te pāhorangi mō tēnei wiki, he momo whakamātautau whakarongo kei reira.**

1. Listen to this week's podcast, a listening test has been prepared for you.

 www.MaoriMadeEasy2.co.nz

Weekend Word List

Whutupōro	Rugby
Horokukū	Reluctant
Māia	Brave
Hoariri	Enemy
Hua	Benefit / Value / Outcome / Fruit
Whakahē	Disagree
Whakaae	Agree
Whakapono	Believe / Religion
Whakatoihara	Deride / Belittle
Ea	To complete / Resolve
Engari	But
Moemoeā	Dream / Desire
Āheihā	Absolutely / Yes indeed
Kua pau te hau	Exhausted / Stuffed

WEEK FORTY-ONE
Other ways to use the word 'ia'

Whakataukī o te wiki
Proverb of the week
Whāia te iti kahurangi
Pursue what is important

He Tauira Kōrero

Mere: E Māka, kei te aha koe?

Māka: E whakarite ana ki te haere ki taku tākaro whutupōro. Ko te tinana kua rite, ko te ngākau ia kua horokukū.

Mere: E tā, kia māia koe! Patua ngā hoariri, ka haere ai tāua ki te inuinu.

Māka: Mmm, he aha ia nei te ara hei whai māku kia māia taku ngākau, e hoa?

Mere: Me whakapono, e tā! Mā te whakapono ka ea! Me mahi tahi hoki koutou ko ō hoa!

Māka: Mmm, ko te tūmanako ia kei te tika tēnā kōrero, he kēmu nui tēnei!

Mere: E mea ana koe! Engari e whakapono ana au ka taea e koutou, me whakapono hoki koutou, ka taea! Ki te tū kotahi koutou ka toa, engari ia ki te tū wehewehe, ka hinga!

Māka: Tino pai ō tohutohu, e Mere, tēnā koe!

Mere: Ko te wawata ia kia māia, kia manawanui koe, e Māka! E rua ēnā kupu rongonui; te māia, te manawanui – kotahi anō ia te tikanga, arā, kia toa!

Māka: Āheihā!

So far, you have learnt that **ia** means *he* or *she*, e.g. 'Kei te pai ia?' (*Is he / she ok?*), 'Kua tunua e ia he kai mā tātou' (*He / She has cooked a feed for us (all)*). However, the word **ia** can also be used in the same way as we use **engari**, or *but*. It can also be used as an intensifier. Sometimes both **engari** and **ia** are used together to further highlight the difference between the two subjects being discussed in the sentence, and to intensify that difference. These are the forms of **ia** we will be studying this week.

Firstly, in this week's conversation between Māka and Mere, Māka says, *'Ko te tinana kua rite, ko te ngākau ia kua horokukū'* (The body is ready, but the mind is a little reluctant). This is an example of how **ia** is sometimes used in the same way as **engari**, however, the positioning of the **ia** differs. Let's look at Māka's sentence again, this time with **engari** in it:

Ko te tinana kua rite, **engari** ko te ngākau kua horokukū

The **engari** is positioned in the middle of the sentence, at the end of the first thought expressed. It is positioned there to split the two thoughts contained within the sentence and demonstrate the difference between those two thoughts. Now, take a look where **ia** is positioned:

Ko te tinana kua rite, ko te ngākau **ia** kua horokukū

As you can see, it finds a home for itself after the noun (or verb depending on the sentence) that begins the second part of the sentence.

HARATAU – PRACTICE
Rāhina – Monday

 30-minute challenge

1. **Tukuna te *ia* ki tōna wāhi tika i ēnei rerenga kōrero. Kua oti kē te tuatahi.**

*1. Place the **ia** in the correct position in these sentences. The first one has been done.*

  1. Ko te waha e whakaae ana, ko te ngākau e whakahē ana
    Ko te waha e whakaae ana, ko te ngākau **ia** e whakahē ana

  2. Ki tā ngā tamariki he pai, ki tā ngā pakeke he hōhā
    _____

  3. I ora te whānau, ko te waka i totohu
    _____

  4. I whakatoiharatia tāna kōrero, nō muri ka kitea i tika kē
    _____

  5. He maha ngā wāhanga o tana kauhau i pai, ko te wāhanga i hē, ko te wāhanga mō te reo
    _____

  6. Kua hoki mai te nuinga i tātahi, ko te kurī kua ngaro
    _____

2. **Ināianei me whakapākehā ngā rerenga o runga nei.**

2. Now translate into English the sentences you have just completed.

  1. Ko te waha e whakaae ana, ko te ngākau ia e whakahē ana
    Verbally he is agreeing, but in his heart he disagrees

  2. _____
  3. _____

4. _____

5. _____

6. _____

Rātū – Tuesday

The word **ia** can also be used as an intensifier. An intensifier simply enhances the meaning of the word before it, so take the phrase, 'ko te moemoeā . . .' which means *'the dream is . . .'.* If we add in the **ia** after the word *moemoeā*, we intensify its meaning. So 'ko te moemoeā ia . . .' becomes, *'the ultimate dream . . .'.* Here are some more examples:

Ko te tūmanako i pai ngā hararei	*I hope you had a good holiday*
Ko te tūmanako **ia** i pai ngā hararei	*I really hope you had a good holiday*
He aha te hua o tēnā mahi?	*What is the benefit of doing that?*
He aha **ia** te hua o tēnā mahi?	*What exactly is the benefit of doing that?*
Mēnā he ngākau māia tōna, ka tae mai	*If he / she has the courage, he / she will be here.*
Mēnā **ia** he ngākau māia tōna, ka tae mai	*If indeed he / she has the courage, he / she will be here.*

🕐 30-minute challenge

1. **Tukuna te *ia* ki tōna wāhi tika i ēnei rerenga kōrero. Kua oti kē te tuatahi.**

1. *Place the **ia** into its correct position in these sentences. The first one has been done.*

   1. Ko te kaupapa o te haere, he ako i ngā kōrero mō ngā rongoā

      Ko te kaupapa **ia** o te haere, he ako i ngā kōrero mō ngā rongoā

   2. Mēnā he amuamu āu, haria ki te tumuaki o te kura

      _____

   3. Ko te pātai, āe rānei ka ora te reo āpōpō?

      _____

   4. Ko te whakaaro, kia haere tātou ki te kiriata ā te pō nei

      _____

   5. Kotahi tonu te huarahi ki Rotorua, e hoa!

      _____

6. Kei hea he wāhi i tua atu i tēnei te ātaahua?

_____

2. Ināianei, me whakapākehā ngā rerenga o runga nei.
2. *Now, translate into English the sentences you have just completed.*

  1. Ko te kaupapa ia o te haere, he ako i ngā kōrero mō ngā rongoā
      The main reason for this trip is to learn about traditional remedies

  2. _____
  3. _____
  4. _____
  5. _____
  6. _____

Rāapa – Wednesday

As mentioned at the beginning of this week's study, sometimes both **engari** and **ia** are used together to further highlight the difference between the two subjects being discussed in the sentence, and to intensify that difference. Let's take a look at the example from this week's dialogue:

'Ki te tū kotahi koutou ka toa, **engari ia** ki te tū wehewehe, ka hinga!'
*If you are united, you will win, **but (there is no doubt that)** if you are divided, you will lose!*

 30-minute challenge

1. Honoa te rerenga kōrero Pākehā ki te rerenga kōrero Māori tika.
1. *Match the English sentence with the correct Māori sentence.*

  1. *It's raining here, but (amazingly) it's fine there*

  2. *It's hot outside but (really) cool inside*

  3. *You guys were late but your friends were (right) on time*

  4. *Don't let him / her do it alone, everybody (should) help*

  5. *The boys don't listen but the girls are (very) attentive*

  a. E wera ana ā-waho, engari ia e mātao ana ā-roto

  b. I takaroa koutou, engari ia i tōmua ō koutou hoa

  c. He taringa kōhatu ngā tama, engari ia ngā kōtiro

  d. Kei te ua ki konei, engari ia kei te paki ki korā

  e. Kaua māna anake e mahi, engari ia mā te katoa

2. Whakaotia ēnei rerenga kōrero mō ia whakaahua, whakamahia te engari ia.

*2. Complete these sentences about each picture, using **engari ia**.*

1. Kua oho te tāne, engari ia, kei te moe tonu te tama

2. Kei te ua ki konei, _____

3. Kua hoki mai ngā tamariki, _____

4. He ngoikore a Hēmi, _____

5. Kua pau te hau o te ngeru, _____

Rāpare – Thursday

🕐 30-minute challenge

Whakapākehātia ngā kōrero ki waenganui i a Mere rāua ko Māka.

Translate the following dialogue between Mere and Māka into English.

Mere: E Māka, kei te aha koe?

_____

Māka: E whakarite ana ki te haere ki taku tākaro whutupōro. Ko te tinana kua rite, ko te ngākau ia kua horokukū.

_____

Mere: E tā, kia māia koe! Patua ngā hoariri, ka haere ai tāua ki te inuinu.

_____

Māka: Mmm, he aha ia nei te ara hei whai māku kia māia taku ngākau, e hoa?

_____

Mere: Me whakapono, e tā! Mā te whakapono ka ea! Me mahi tahi hoki koutou ko ō hoa!

_____

_____

Māka: Mmm, ko te tūmanako ia kei te tika tēnā kōrero, he kēmu nui tēnei!

_____

Mere: E mea ana koe! Engari e whakapono ana au ka taea e koutou, me whakapono hoki koutou, ka taea! Ki te tū kotahi koutou ka toa, engari ia ki te tū wehewehe, ka hinga!

_____

_____

_____

Māka: Tino pai ō tohutohu, e Mere, tēnā koe!

_____

Mere: Ko te wawata ia kia māia, kia manawanui koe, e Māka! E rua ēnā kupu rongonui; te māia, te manawanui – kotahi anō ia te tikanga, arā, kia toa!

_____

_____

Māka: Āheihā!

_____

Rāmere – Friday

 30-minute challenge

1. Whakarongo ki te pāhorangi mō tēnei wiki:

1. Listen to this week's podcast at:

 www.MaoriMadeEasy2.co.nz

2. Whakaotia tēnei pangakupu.

2. *Complete the crossword.*

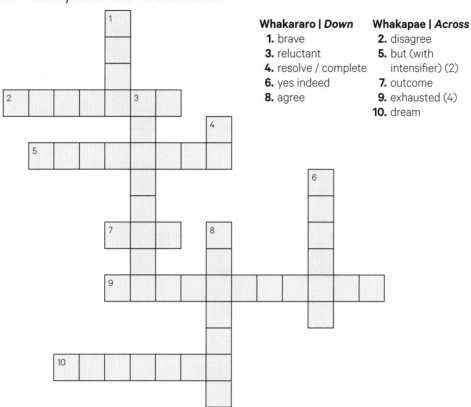

Whakararo | Down
1. brave
3. reluctant
4. resolve / complete
6. yes indeed
8. agree

Whakapae | Across
2. disagree
5. but (with intensifier) (2)
7. outcome
9. exhausted (4)
10. dream

Weekend Word List

Tokomaha	Many people
Kōata	Glass
Pōuri	Sad
Mihi	Greet / Acknowledge
Pōwaiwai	Farewell (to people who are alive)
Pouraka	Cot
Papa	Ground
Rau mamao	Remote control
Hūnuku	Shift / Move
Whakarere	To leave (behind)
Waipiro	Beer / Alcohol
Whata	Shelf
Makere	Drop / Get off
Tūraparapa	Trampoline
Pihikete	Biscuit
Ārai tīkākā	Sunblock

WEEK FORTY-TWO
When to use 'i', when to use 'ki'

Whakataukī o te wiki
Proverb of the week
Hē o te kotahi nō te tokomaha
The error of one person affects many

He Tauira Kōrero

Mere: E Māka, kei hea koe?

Māka: Kei taku whare.

Mere: Kei konā tonu a Ani?

Māka: Kāo, kua haere kē ia ki Whangārei.

Mere: Nōnahea ia i wehe ai?

Māka: Mmm, i puta ia i te whare ki te tāone i te whitu karaka i te ata nei, ā, nō te waru i wehe ai te pahi i te tāone ki Whangārei.

Mere: E pōuri ana te ngākau, kāore au i whai wāhi ki te mihi pōwaiwai ki a ia.

Māka: E pai ana! Kei te hoki mai anō ia i Whangārei ki konei ā tērā marama. Ka noho anō ki tōku.

Mere: Ka pai! Kua whakaritea kētia e koe he kai mō te rānui? E haere atu nei au ki tō whare.

Māka: Kāore anō.

Mere: E pai ana! Ka whakakī au i ngā kete o konei ki te kai, ka tae atu au i konei ākuanei . . .

In *Māori Made Easy*, you would have studied one of the functions of the word **i**, that being to identify the object affected by the action performed in the first part of an action sentence. Remember, the **i** is placed after the agent or doer of the action to show that whatever follows the **i** is the object being affected by the action. Let's break it down again:

Tense marker	Verb	Agent		Object
Kei te	kai	au	i	te āporo
(I am eating the apple)				

Tense marker	Verb	Agent		Object
Ka	kai	au	i	te āporo
(I will eat the apple)				

Tense marker	Verb	Agent		Object
Kua	kai	au	i	te āporo
(I have eaten the apple)				

Tense marker	Verb	Agent		Object
I	kai	au	i	te āporo
(I ate the apple)				

In all of the above examples, the verb is **kai**, or *to eat*, the agent is **au**, or *I / me*, and the object being affected by the action, that is, being 'eaten by me' is **te āporo**, or *the apple*. Note that the particle **i** is always in front of the object affected by the action.

The negative sentence structure does not affect the second stage of the sentence, it remains the same, so:

Kāore au i te kai i te āporo   *I am not eating the apple*

Kāore au e kai ana i te āporo*I am not eating the apple*

Kāore au e kai i te āporo   *I will not eat the apple*

Kāore anō au kia kai i te āporo   *I have not yet eaten the apple*

Kāore au i kai i te āporo   *I did not eat the apple*

Now, in the conversation between Māka and Mere this week, we are exposed to some other ways of using **i**. Māka says, 'Mmm, i puta ia **i** te whare ki te tāone i te whitu karaka i te ata nei, ā, nō te waru i wehe ai te pahi **i** te tāone ki Whangārei.' The two **i** that have been highlighted indicate that the object or person being spoken about, in this case Ani, has moved in an 'away' direction from a particular location. It's basically the equivalent of the word *from*:

- I puta ia i te whare ki te tāone

  She left (from) the house to go to town

- . . . nō te waru i wehe ai te pahi i te tāone ki Whangārei

  . . . at 8 the bus left (from) town to go to Whangārei

HARATAU – PRACTICE

Rāhina – Monday

 30-minute challenge

1. Tirohia ēnei whakaahua. Whiriwhirihia te rerenga tika mō ia whakaahua.

1. Look at the following pictures. Choose the correct sentence for each picture.

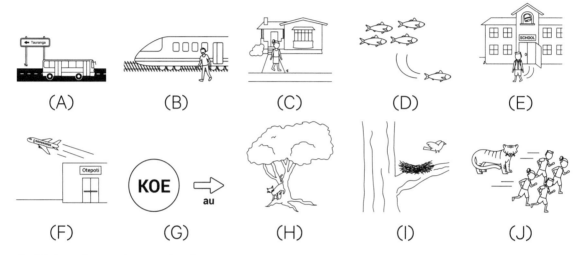

1. Kei te hūnuku au i a koe
2. Kei te wehe te pahi i Tauranga
3. I whakarere te ika i ōna hoa
4. E hoki ana te tama ki te kāinga i te kura
5. Kei te rere te waka rererangi i Ōtepoti
6. Kei te oma ngā tamariki i te taika
7. Kua heke te ngeru i te rākau
8. Kua puta te kōtiro i tōna whare
9. Kei te makere te tāne i te tereina
10. Kua rere te manu i tōna kōhanga

Directional indicators go hand-in-hand with these types of sentences. There are four directional indicators in te reo Māori, some of which you have already been exposed to. These four are **mai** – towards the speaker or source; **atu** – away from the speaker or source; **iho** – descending from above to the speaker or source; and **ake** – ascending upwards from the speaker or source. The following diagram has been designed to help you understand this.

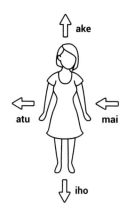

To put this in to practice, let's use the word **haere**, or *to go*. If we add on our directional indicators we get:

Haere ake   –   *Go in an upwards direction, ascend*

Haere iho   –   *Go in a downwards direction, descend*

Haere atu   –   *Go away*

Haere mai   –   *Go towards me, come here*

2. Porohitatia te kupu ahu tika mō ēnei rerenga (tērā pea neke atu i te kotahi e tika ana).

2. Circle the correct directional indicator for each sentence (there may be more than one correct answer).

  1. Kei te hūnuku au i a koe   atu / mai / ake / iho

  2. Kei te wehe te pahi i Tauranga   atu / mai / ake / iho

  3. I whakarere te ika i ōna hoa   atu / mai / ake / iho

  4. E hoki ana te tama ki tōku kāinga i te kura   atu / mai / ake / iho

  5. Kei te rere te waka rererangi i Otepoti   atu / mai / ake / iho

  6. Kei te oma ngā tamariki i te taika   atu / mai / ake / iho

  7. Kua heke te ngeru i te rākau   atu / mai / ake / iho

  8. Kua puta te kōtiro i tōna whare   atu / mai / ake / iho

  9. Kei te makere te tāne i te tereina   atu / mai / ake / iho

10. Kua rere te manu i tōna kōhanga   atu / mai / ake / iho

Rātū – Tuesday

 30-minute challenge

1. Tirohia ēnei whakaahua. Whakautua te pātai.

1. Look at the following pictures. Answer each question.

1. Kei te hoki atu rātou i hea? _____

2. Kua tango ake ia i te pukapuka i hea? _____

3. E wehe atu ana rāua i te aha?_____

4. Kua heke iho ia i te aha? _____

5. Kua taka ngā ārani i te aha? _____

6. Kei te haere atu te ngeru i hea? _____

7. E wehe atu ana te tokomaha mā runga pahi
   i hea? _____

8. E oma ana rāua i hea? _____

9. Kua makere iho ia i te aha? _____

10. Kei te hiki ia i te pēpi i te aha? _____

2. Whakaurua te tūpou tika.

2. Insert the appropriate pronoun.

1. Kei te heke iho _____ (*you and I*) i te puke
   (tāua, rāua, kōrua, māua)

2. Kei te makere iho _____ (*those two*) i te tūraparapa
   (tāua, rāua, kōrua, māua)

3. Kei te hiki _____ (*you three*) i te pouaka whakaata i te papa
   (tāua, rāua, koutou, mātou)

4. Kei te maranga ake _____ (*she and I, but not you*) i te moenga
   (tātou, rāua, koe, māua)
5. Kei te haere atu _____ (*you*) i te kura
   (au, rāua, koe, māua)
6. Me wehe atu _____ (*you and I*) i konei
   (tāua, rāua, kōrua, tātou)
7. Me hīkoi atu _____ (*those three*) i tō rātou wāhi mahi
   (tāua, rāua, mātou, rātou)
8. Me haere atu (*he and I, but not you*) i Whakaoriori ki Tāmaki-nui-a-Rua.
   (ia, rāua, koutou, māua)

Rāapa – Wednesday

Hopefully, during the first two days of this week, you will have come to the realisation that if **i** is the equivalent of the English word *from*, then **ki** is the equivalent of the English word *to*. The use of **ki** in conjunction with **i** is highlighted in these sentences between Mere and Māka:

I puta ia **i** te whare **ki** te tāone i te whitu karaka i te ata nei, ā, nō te waru i wehe ai te pahi **i** te tāone **ki** Whangārei.
*She left **from** the house to go **to** town at 7am, and at 8am the bus left **from** town to go **to** Whangārei.*

E pai ana! Kei te hoki mai anō ia **i** Whangārei **ki** konei ā tērā marama.
*It's all good! She is coming back **from** Whangārei **to** here next month.*

 30-minute challenge

1. **Tuhia he rerenga kōrero mō ēnei whakaahua, whakamahi te *i . . . ki*.**
1. *Compose a sentence for each picture using **i . . . ki**.*
1.

_____

2.

_____

3.

    Kaikōrero 1: _____

    Kaikōrero 2: _____

4.

_____

5.

_____

Sometimes you may use **tae noa** in between the **i** and the **ki**. This usage of **tae noa** is probably best described as meaning *as far as* or *right up until*. Here are some examples:

Kei te haere mātou ki Waitangi i te Rāpare **tae noa** ki te Rāhina
We are going to Waitangi from Thursday right up until Monday

I mahi rātou i roto i te kāuta i te Pō Mere **tae noa** ki te ahiahi o te Rāhoroi
They worked in the kitchen from Friday night right up until Saturday afternoon

Māku koe e āwhina i te tahi karaka i te ahiahi **tae noa** ki te waru karaka i te pō
I will help you from 1pm right up until 8pm

E haere ana au i konei **tae noa** ki Ahipara, kātahi au ka whakatā
I am going from here, as far as Ahipara, then I will rest

2. Whakaotia ēnei rerenga kōrero, whakamahia ngā kupu kei roto i ngā taiepa, me te *tae noa*.

2. *Complete these sentences. Use the words in the brackets to help you, and the **tae noa**.*

1. Ka haratau tātou i te . . .   (7pm / 12pm)

   Ka haratau tātou i te whitu karaka i te pō tae noa ki te waenganui pō

2. Kua moe rātou i . . .   (tērā pō / tēnei wā)

   _____

3. Ka ngaki au i te māra i . . .   (te ata nei / ahiahi pō)

   _____

4. Me kauhoe koutou i . . .   (uta nei / Mokoia)

   _____

5. I hararei mātou i te . . .   (19th Nov / 1st Dec)

   _____

6. Me tautoko au i te noho hōpuni a taku hoa i . . .   (Mon / Fri)

   _____

Rāpare – Thursday

The word **ki** has another function, other than meaning *to* or *towards*. It is also used when saying *with* or *by means of*. Basically, the instrument or object that follows the **ki** is for carrying out some action or purpose. In the conversation for this week, Mere says, 'E pai ana! Ka whakakī au i ngā kete o konei **ki** te kai, ka tae atu au i konei ākuanei,' which means, '*That's all good. I will fill some bags from here up **with** food, and arrive (from here) soon*'.

Let's look at some more examples:

Whakawetoa te pouaka whakaata **ki** te rau mamao	*Turn off the TV **with** the remote control*
Whakakīa ā koutou kōata **ki** te waipiro	*Fill your glasses **with** beer*
Tapahia te mīti kau **ki** te māripi koi	*Cut the steak **with** a sharp knife*
Werohia tōna hinengaro **ki** tēnei panga	*Challenge his / her mind **with** this puzzle*

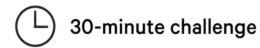 **30-minute challenge**

1. Kōwhiria ngā rerenga kōrero e tika ana hei whakaoti i te kōrero i waenganui i a Atawhai rāua ko Rāwiri.

1. Choose the correct sentences to complete the dialogue between Atawhai and Rāwiri.

Rerenga Kōrero

- Āe, tēnā koa whakakīa taku ipu ki te wai
- I oma mai koe ki tōku whare?
- Whakarekahia te kōnatutanga ki te huka
- Titiro, kua riko taku hāte!
- Kei te aha koe?
- Kāore māua i te kōrero
- Kei te tohe kōrua?
- Kei te oma anō koe ki tō kāinga?
- E mea ana koe!
- Kei te tunu pihikete au
- Kaua e wareware ki te pani i te kiri ki te ārai tīkākā

Kōrero i waenganui i a Atawhai rāua ko Rāwiri

1. Atawhai asks Rāwiri if he ran to her house

   Atawhai: _____

2. Rāwiri replies yes and asks for his drink bottle to be filled with water

   Rāwiri: _____

3. Rāwiri asks Atawhai what she is doing

   Rāwiri: _____

4. Atawhai replies she is making biscuits

   Atawhai: _____

5. Rāwiri suggests sweetening the mixture with sugar

   Rāwiri: _____

6. Atawhai asks Rawiri if he is going to run back to his place

   Atawhai: _____

7. Rāwiri replies, what do you think, of course!

   Rāwiri: _____

8. Atawhai tells him, don't forget to put sunblock on

   Atawhai:_____

2. Kōwhiria ngā rerenga kōrero e tika ana hei whakaoti i te kōrero i waenganui i a Atawhai rāua ko Rāwinia.

2. Choose the correct sentences to complete the dialogue between Atawhai and Rāwinia.

Rerenga Kōrero

- Hōmai ngā ārani rā
- Kei te moe rāua
- Pokokōhua!
- E aha ana ō mātua?
- He aha ai?
- Kei te haere koe ki te papa rēhia?
- Kāore koe i waea atu ki a ia?
- Me tapahi ki te māripi nei, he nui rawa ngā wāhanga
- Me tapahi wāhie anō koe ki te toki
- Pai tēnā whakaaro. Kia mutu tēnā, māku e horoi anō ki te wai
- I haurangi rāua
- Ka tahu koe i te ahi ākuanei?
- E mea ana koe! He makariri hoki ā-waho

Kōrero i waenganui i a Atawhai rāua ko Rāwinia

1. Atawhai asks Rāwinia to pass her the oranges (over there)

   Atawhai: _____

2. Rāwinia replies, 'What for?'

   Rāwinia: _____

3. Atawhai says she needs to cut them with the knife she has, the pieces are too big

   Atawhai: _____

4. Rāwinia replies, 'Good idea', and when she finishes that, she will wash them again with water

   Rāwinia: _____

5. Atawhai asks Rāwinia if she is going to light the fire soon

   Atawhai: _____

6. Rāwinia replies with, 'Of course, it's cold outside'

   Rāwinia: _____

7. Atawhai tells Rāwinia to cut more firewood with the axe

   Atawhai: _____

8. Rāwinia curses

   Rāwinia: _____

Rāmere – Friday

 30-minute challenge

1. Whakarongo ki te pāhorangi mō tēnei wiki:
1. Listen to this week's podcast at:

 www.MaoriMadeEasy2.co.nz

2. Whakapākehātia ngā kōrero ki waenganui i a Mere rāua ko Māka.
2. Translate the following dialogue between Mere and Māka into English.

Mere: E Māka, kei hea koe?

_____

Māka: Kei taku whare.

_____

Mere: Kei konā tonu a Ani?

_____

Māka: Kāo, kua haere kē ia ki Whangārei.

_____

Mere: Nōnahea ia i wehe ai?

_____

Māka: Mmm, i puta ia i te whare ki te tāone i te whitu karaka i te ata nei, ā, nō te waru i wehe ai te pahi i te tāone ki Whangārei.

_____

_____

Mere: E pōuri ana te ngākau, kāore au i whai wāhi ki te mihi pōwaiwai ki a ia.

_____

Māka: E pai ana! Kei te hoki mai anō ia i Whangārei ki konei ā tērā mārama. Ka noho anō ki tōku.

_____

_____

Mere: Ka pai! Kua whakaritea kētia e koe he kai mō te rānui? E haere atu nei au ki tō whare.

_____

_____

Māka: Kāore anō.

_____

Mere: E pai ana! Ka whakakī au i ngā kete o konei ki te kai, ka tae atu au i konei ākuanei.

_____

_____

Weekend Word List

Tukatuka	To start a car
Tūpapa	Bench / Bench top
Ūkui	To wipe
Muku	Cloth
Whakamaroke	Dry
Waku	Scrape / Scrub
Taitai	Brush
Tahitahi	Sweep / Broom
Pōtarotaro	Cut short / Lawnmower
Mauti	Grass
Kōnehu	Spray / To spray
Tāoke	Poison
Moni	Money
Pūkoro	Pocket
Mauāhara	Hate
Ngana	To try

WEEK FORTY-THREE
More on using 'ki', and when to use 'kē'

Whakataukī o te wiki
Proverb of the week
Mate kāinga tahi, ora kāinga rua
Always have an alternative

We are going to start off this week by doing some revision on using the word **ki** to say *with* or *by means of*. However, we are going to focus on the use of **ki** in the passive sentence structure. Remember, each ordinary verb has its own particular passive ending which will usually be one of the following: –**tia**, –**ria**, –**hia**, –**ngia**, –**na**, –**nga**, –**kia**, –**mia**, –**ina**, –**kina**, –**a**.

Passive sentence structures are commonly heard in te reo Māori, so much so, that you could probably say it's the preferred style of a great number of Māori language speakers. But what is a passive sentence and what does it do?

Let's take another look at passive sentences:

I patu <u>te ngeru</u> i te manu   (*The cat* killed the bird)

I patua <u>te manu</u> e te ngeru   (*The bird* was killed by the cat)

The first sentence is called an active sentence because the agent of the action in the sentence, **'te ngeru'** or *'the cat'* is the focus. The second sentence is the passive one because the focus of the sentence shifts to **'te manu'** or *'the bird'* who is not doing the action but on the receiving end of it. This casts the bird into a passive role in the context of the sentence, which is why we call the sentence 'passive'! Now let's practise using **ki** in a passive sentence structure.

HARATAU – PRACTICE

Rāhina – Monday

 30-minute challenge

1. Tirohia ēnei whakaahua. Whiriwhirihia te rerenga tika mō ia whakaahua. Kimihia te whiore tika i te tuatahi. Kua oti kē te whakautu tuatahi.

1. *Look at the following pictures. Choose the correct sentence for each picture. Find the correct ending for each sentence first. The first answer has been done.*

__8__. Kei te whakamaroketia ōna makawe

_____. Kei te whakamaroketia ngā utauta

_____. Kei te haua te pōro

_____. E tapahia ana te parāoa

_____. Kei te wakua ōna niho

_____. E tahitahia ana te papa

_____. E pōtarotarohia ana ngā mauti

_____. Kei te tuhia he kōrero

_____. Kei te tukatukahia te waka

_____. E ūkuia ana te tūpapa

. . . ki te tauera

. . . ki te pene

. . . ki te tahitahi

. . . ki te whakamaroke makawe

. . . ki te tāwiri / ki te kī

. . . ki te rākau hahau pōro

. . . ki te taitai niho

. . . ki te pōtarotaro

. . . ki te muku

. . . ki te māripi

2. Whakamāoritia ēnei rerenga kōrero.

2. Translate these sentences into Māori.

1. The benchtop is not being wiped with the cloth

   Kāore te tūpapa e ūkuia ana ki te muku

2. The car is not being washed with soap and water

   _____

3. The garden is not being sprayed with poison

   _____

4. His pockets were not filled with money

   _____

5. Her heart was not filled with hatred

   _____

6. The TV was not switched off with the remote

   _____

Rātū – Tuesday

Today we are going to learn one of the functions of the word **kē**. You may remember how to use the words **atu** or **ake** with a sentence starting with **He** to compare the qualities of two people or objects. We place the **atu** or **ake** after the adjective or describing word, while the **i** separates the two things being compared. Here are some examples to jog your memory. Take special note of where the **atu** or **ake** sits in the sentence, and where the **i** is placed.

He pai ake a Māka i a Mere ki te tuhituhi	*Māka is better than Mere at writing*
He reka ake te ārani i te āporo	*An orange is sweeter than an apple*
He ngāwari atu tēnei mahi i tērā	*This job is easier than that one*

If we add in the **kē** we are intensifying the difference between the qualities of the people or objects being spoken about. Take notice of the positioning of the **kē** in these sentences.

He pai **kē** ake a Māka i a Mere ki te tuhituhi	*Māka is **much** better than Mere at writing*
He reka **kē** ake te ārani i te āporo	*An orange is **much** sweeter than an apple*
He ngāwari **kē** atu tēnei mahi i tērā	*This job is **much** easier than that one*

30-minute challenge

1. Waihangatia kia waru ngā rerenga kōrero i te tūtohi i raro nei.

1. Construct 8 sentences using the table below.

He reka	kē ake	a Rotorua	i	te teina		
He tawhito	kē ake	ōku uaua	i	tō Mere		
He teitei	kē ake	te tuakana	i	a Tāmaki	ki te	kōrero
He nui	kē atu	te waka tauā	i	te puananī		
He kaha	kē atu	te tiakarete	i	te mānuka		
He tawhiti	kē atu	tōna reo	i	a koe	ki te	waiata
He tere	kē atu	te kauri	i	te motukā		
He ātaahua	kē atu	a Hēmi	i	ōu	ki te	oma

1. _____

2. _____

3. _____

4. _____

5. _____

6. _____

7. _____

8. _____

2. Ināianei me whakapākehā e koe ō rerenga.

2. Now translate your sentences into English.

1. _____

2. _____

3. _____

4. _____

5. _____

6. _____

7. _____

8. _____

Rāapa – Wednesday

 30-minute challenge

1. Tuhia he rārangi mai i te ingoa i te taha mauī ki te whakaahua i te taha matau.

1. Draw a line from the name on the left of your page, to the correct picture on the right.

Orewa

Tamehana

Rangi

1. He pai kē ake a Rangi i a koe ki te tākaro tēnehi
2. He pai kē ake a Tamehana i a koe ki te tākaro poiwhana
3. He pai kē ake a Orewa i a koe ki te tākaro poiuka

2. Whakapākehātia ēnei rerenga kōrero.

2. Translate the following sentences into English.

1. He ātaahua kē ake tēnei kōwaiwai i tēnā
   This painting is much more attractive than that one

   _____

2. He mahana kē ake tōku whare i tōu

   _____

3. He makariri kē ake a Ōtautahi i a Kaikohe

   _____

4. He teitei kē ake a Aoraki i a Taupiri

   _____

5. He atamai kē ake au i a koe

   _____

6. He pai ake a Hēnare i te katoa o rātou ki te tiaki i ngā tamariki

   _____

3. Tuhia he rerenga kōrero whakataurite mō ia whakaahua, whakaurua te *kē*.

*3. Write a comparison sentence for each picture, use **kē**.*

1. He pai kē ake te eke pahikara i te eke pahi

2. _____

_____

3. _____

_____

Rāpare – Thursday

Today we are going to study two more ways to use the word **kē**. Firstly, **kē** can be used to indicate that something that happened in the sentence was surprising, different or unexpected. The following examples demonstrate this usage.

Kāore ia i titiro mai ki a au, i titiro kē ia
He / She didn't look at me, he / she looked in a different direction

Kua tīmata kē rātou
They have (unexpectedly) already started

Auē, kua whitu karaka kē!
Far out, it's already 7pm!

Nō mātou kē tērā tangata!
That fulla over there belongs to us (not someone else)!

Ehara ērā i te raiona, he taika kē!
Those are not lions, they are tigers!

Kei hea kē taku pōtae?
Where is my hat? (It's not where I left it, where I expected it to be)

Tō pōrangi kē!
You are crazier than I thought!

⏱ 30-minute challenge

1. **Whakamāoritia ēnei rerenga kōrero, āta whakaarohia me pēhea tō whakamahi i te *kē*.**

*1. Translate the following sentences into Māori. Think carefully how you are going to use **kē**.*

1. Where are my books? (Not where they are supposed to be)

    _____

2. Where are the keys? (Not where they are supposed to be)

    _____

3. You are very industrious (more than I thought)!

    _____

4. He is very strong (stronger than I thought)!

    _____

5. This is not a knife, it is (actually) a fork

    _____

6. It is already 10pm

    _____

7. They have already gone

    _____

8. I tried to hug her but she turned in a different direction

    _____

9. They (2) are actually from Ngāti Whakaue

    _____

10. She is much more courageous than them (4)

    _____

Native speakers of te reo like to use **kē** in passive action sentences. These are the sentences that begin with **Kei te**, **E . . . ana**, **Ka**, **Kua** or **I**. A component of the language for you to master is the double passive! Sounds like you are about to attempt the most difficult gymnastics move ever, but it's not as difficult as it sounds. The word **kē** can be changed to a passive to achieve this. It is a technique used by the native or very high level Māori language speaker. Ok, let's do this!

As we know, **kē** sits after the action word or <u>verb</u>, like this:

Kua <u>patu</u> **kē** ia i te manu
He has (unexpectedly) already killed the bird

Usually the **kē** will have **–tia** as its passive ending, so it becomes **kētia**. We still need to change the action word to its passive form too, so we end up with:

Kua <u>patua</u> **kētia** e ia te manu

The bird has already (unexpectedly) been killed by him

Remember the rules of a passive sentence:

1. Make the verb and the **kē** passive
2. Place an **e** in front of the doer of the action
3. Drop the **i** or **ki** that links the action to the object being affected by the action

2. Whakahāngūtia ēnei rerenga, kia rua ngā hāngūtanga.

2. Make these sentences passive. Use the double passive form.

  1. Kei te pōwhiri kē rātou i ngā manuhiri

  _____

  2. Kua piki kē te whānau i te maunga rā

  _____

  3. Kua kite kē mātou i tēnei kiriata

  _____

  4. Kua hoe kē te iwi i te waka ki uta

  _____

  5. Kua tunu kē a Māmā i ngā pihikete

  _____

  6. I te horoi kē ngā tamariki i te waka

  _____

  7. I te kato kē ia i ngā putiputi

  _____

  8. E pēhi kē ana rātou i te Iwi Moemoeā

  _____

  9. E tuhi kē ana te tama i te pukapuka hōu

  _____

  10. Kei te hopu kē rāua i āna kōrero

  _____

Rāmere – Friday

 30-minute challenge

1. Whakarongo ki te pāhorangi mō tēnei wiki:

1. Listen to this week's podcast at:

 www.MaoriMadeEasy2.co.nz

2. Whakaotia tēnei pangakupu.

2. Complete the crossword.

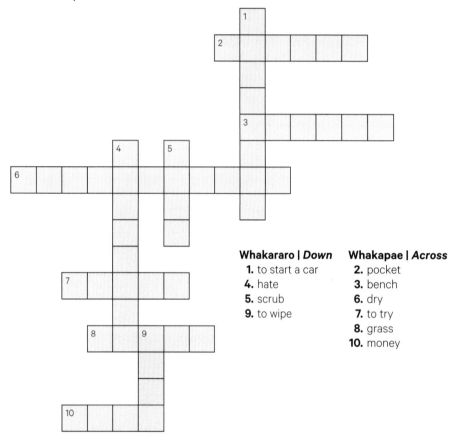

Whakararo | *Down*
1. to start a car
4. hate
5. scrub
9. to wipe

Whakapae | *Across*
2. pocket
3. bench
6. dry
7. to try
8. grass
10. money

Weekend Word List

Whakangungu	To upskill / To train
Wānanga	Course / To learn / To discuss
Wareware	Forget
Wheako	Experience
Pūmua	Protein
Mōhani	Smoothie
Tono	Request
Whakahau	Directive
Kōti	Court
Whare herehere	Jail / Prison
Waea atu	To phone someone
Auare ake	To no avail
Manaakitanga	Generosity / Kindness
Akiaki	Encourage
Whiwhi	To get or obtain
Momona	Fat
Whakapōtaetanga	Graduation
Whakaomaoma	Make run
Marae o Hinemoana	The beach
Te Matatini	National kapa haka competition

WEEK FORTY-FOUR
When to use 'ki te', when to use 'kia'

Whakataukī o te wiki
Proverb of the week
Whatu ngarongaro te tangata, toitū te whenua
People disappear from sight, but the land remains constant

He Tauira Kōrero

Mere: E Māka, e hiahia ana au ki te haere ki te hokomaha, ko koe hei hoa mōku?

Māka: E pai ana! Kei te hoko aha koe?

Mere: Kei te hoko pūmua kia pai ai taku mahi mōhani i ngā ata, kia pakari ai taku tinana!

Māka: Ko te tūmanako kia ū koe ki tō mahere whakatiki kia tutuki ai ō moemoeā mō tō tinana.

Mere: Tika tāu.

Māka: Ko te hiahia, e hoa, kia haere tāua ināianei, nē, kia kore ai au e takaroa ki te mahi.

Mere: He kaupapa nui tāu ki tō wāhi mahi i te rā nei?

Māka: Āe, e tuku tono ana au ki te Kaunihera o Rotorua kia kōrero mai te kahika ki a au.

Mere: Ā kāti, me kakama tāua!

I have lost count how many times students of the language have asked, 'When do I use **ki te** and when do I use **kia**?' Take a look at these two sentences and see if you can identify why one uses **ki te** and the other uses **kia**.

E hiahia ana au ki te haere ki te hui

vs

E hiahia ana au kia haere rātou ki te hui

If you are thinking that **ki te** is used when the subject of the sentence completes the action, and the **kia** is used when someone else is completing the action, then you are correct! *Tino pai* – well done! The action in the two examples above is 'to go to the meeting'. In the first example, the subject **au** wants to go to the meeting, so we use **ki te**. In the second example, the subject **au** wants **rātou**, or *them*, to go to the meeting, so we use **kia** to show that. The translations of the two sentences may help to make this clearer:

E hiahia ana au **ki te** haere ki te hui   *I want to go to the meeting*

E hiahia ana au **kia** haere rātou ki te hui   *I want them to go to the meeting*

So, to recap, if the sentence is 'E hiahia ana a Hare ki te haere ki te wānanga', we use **ki te** because Hare's desire or wish (*hiahia*) is that *he* goes to the course. If the sentence is 'E hiahia ana a Hare kia haere ngā tamariki ki te wānanga', we use **kia** because Hare's desire or wish (*hiahia*) is that the *kids* go to the course, in other words, that someone else does that action.

HARATAU – PRACTICE

Rāhina – Monday

 30-minute challenge

1. Kōwhirihia te mea tika; *ki te, kia* rānei hei whakaoti i ēnei rerenga kōrero.

*1. Choose the correct one; **ki te** or **kia** to complete the following sentences.*

   1. E hiahia ana a Mere (ki te / kia) haere ki te whare o tōna hoa
   2. Kei te hiahia ia (ki te / kia) whakangungu ā te ata āpōpō
   3. E hiahia ana ngā tamariki (ki te / kia) hoki mai tō rātou māmā ki te kāinga
   4. Kua hiahia rātou (ki te / kia) noho ki te mahi
   5. Kei te hiahia au (ki te / kia) haere mai kōrua ki tōku whare ā te ahiahi nei
   6. I hiahia ia (ki te / kia) tae atu tātou katoa ki tōna huritau
   7. Kāore e kore ka tino hiahia rātou (ki te / kia) haere ki te mātakitaki
   8. Kei te hiahia au (ki te / kia) whakaako koe i a au
   9. E hiahia ana au (ki te / kia) tākaro whutupōro i tēnei tau
   10. Kua hiahia te whānau (ki te / kia) hoko waka hōu mō rātou

So far we have only used the word **hiahia** to illustrate when to use **ki te** and when to use **kia**, but using the **ki te** and the **kia** is by no means restricted to the word **hiahia** only.

2. Whakamāoritia ēnei rerenga kōrero, me kōwhiri mēnā rā ko te *ki te* ko te *kia* rānei te mea tika mō ō whakamāoritanga.

*2. Translate these sentences into Māori; you will need to decide between **ki te** and **kia** as you translate.*

   1. My friend is requesting that you speak first

   _____

   2. The directive from the court is that you go to jail

   _____

3. We (3) are thinking about going to the beach today

_____

4. He wants us (3) to be there before midday

_____

5. She wants to go to Western Heights High School next year

_____

Rātū – Tuesday

🕐 **30-minute challenge**

1. **Whakaotia ngā rerenga kōrero kei raro iho nei. E rua ngā momo kōwhiringa: _ki te_, kia _rānei_.**
1. _Complete the following sentences. There are two options for you to select from: **ki te** and **kia**._

   1. E haere ana au _____ whare o taku kuia
   2. Kei te pīrangi te iwi _____ whakarongo te Kāwanatanga
   3. Shhh, kei te pīrangi mātou _____ mātakitaki i a _Marae_
   4. Ko te manako _____ tau ngā manaakitanga ki runga i a koutou
   5. Āe, e pai ana _____ waea atu koe ki a ia
   6. I te whakaaro te whānau rā _____ hīkoi ki te tāone
   7. Kei te tono te kaiako _____ tīmata ngā tauira ki te tuhi
   8. I akiaki au i a ia _____ tae mai, auare ake!
   9. I kī atu taku māmā _____ noho taku wahine ki te kai, engari kāore ia i pīrangi
   10. Ka mahi nui au _____ āwhina i a koe, e hoa

2. **Ināianei me whakapākehā koe i aua rerenga.**
2. _Now translate those sentences into English._

   1. _____
   2. _____
   3. _____
   4. _____
   5. _____
   6. _____
   7. _____
   8. _____
   9. _____
   10. _____

There is one word that tends to transcend the linguistic rules regarding using **ki te** and **kia**. That word is **kite**, which means *to see*. For example you can say:

Kei te haere au ki te kite i taku hoa

or

Kei te haere au kia kite i taku hoa

Let's take a look at some more examples:

E tino hiahia ana rātou kia kite i taua kiriata
They (3 or more) really want to see that movie

Kei te hiahia rāua ki te kite i taua kiriata
They (2) want to see that movie

Kua haere te whānau kia kite i a Oprah e kōrero ana
The family has gone to see Oprah speaking

Kua haere te whānau ki te kite i a Oprah
The family has gone to see Oprah

I a ia i te wharepaku, i tae mai te tumuaki kia kite i a ia
While he / she was in the restroom, the principal came to see him / her

I a koe i te whare pukapuka, i tae mai te tumuaki ki te kite i a koe
While you were at the library, the principal came to see you

Rāapa – Wednesday

Another aspect of **kia** to discuss is when to link it with **ai**. When we use **kia . . . ai** it usually elaborates on the first part of your sentence to say that you are performing that function 'in order to' or 'so that' something is achieved or accomplished. For example:

Kei te haere au ki Rotorua kia kite ai au i taku hoa
I am going to Rotorua in order to see my friend

E haere ana te whānau ki Amerika kia wheako ai i a Taurikura
(*Disneyland*)
The family is going to America so that they can experience Disneyland

He pukumahi nōku kia whiwhi ai au i te tūranga hōu
I am working hard so that I get the new position

I whakangungu au kia pakari ai au
I trained so that I would be fit

I tū ia ki te kōrero kia rongo ai rātou i tōna reo ātaahua
He / She stood to speak so that they could hear his / her beautiful language

E haere ana au kia mōhio ai au he aha te aha
I am going so that I know what's happening

 30-minute challenge

1. **Whakaotia ngā rerenga kōrero kei raro iho nei. Whakamahia te *kia . . . ai* mō te wāhanga tuarua o te kōrero. Ko te tuatahi hei tauira.**

1. *Complete the following sentences. Use the **kia . . . ai** for the second part of the sentence. The first one has been completed already as an example.*

1. Kei te haere ki _____ _____ (*their two*) whare [*in order to see my cousin*]

   Kei te haere ki ___tō___ ___rāua___ whare <u>kia kite ai au i taku whanaunga</u>

2. Kei te kai _____ _____ (*your 4*) pāpā [*in order to fill his stomach*]

   _____

3. Haere mai ki roto i _____ _____ (*ours but not yours*) taiwhanga moe [*so that we can have a gossip*]

   _____

4. Kei te tāhae ia i _____ _____ (*our two, but not yours*) pukapuka reo Māori [*so that he knows how to speak te reo*]

   _____

5. Kua tae mai _____ _____ (*our 5, all of us*) pahi [*so that we can go to town*]

   _____

6. Kua peita rāua i _____ _____ (*their 3*) whare [*so that it shines*]

   _____

7. Ka haere ngā tamariki ki _____ _____ (*their 4*) marae [*so that they know they are Māori*]

   _____

8. Ka mihi ngā kōtiro ki _____ _____ (*all of ours*) maunga [*so that we remember*]

   _____

9. I whakatika ngā koroua i _____ _____ (*ours, but not yours*) whare karakia [*so that it's bigger*]

   _____

10. Kei te moe _____ _____ (their) kuia [so that she is strong for tomorrow]

_____

To negate the **kia . . . ai** part of the sentence we just place the negative word **kore** in between the **kia** and the **ai**, pushing the word that was in the middle to the right-hand side of the **ai**, past the subject or doer. That word is then preceded by an **e**. Like this:

Kei te haere ki tō rāua whare, kia <u>kite</u> ai au i taku whanaunga
I am going to their house, in order to see my cousin

Kei te haere ki tō rāua whare, kia **kore** ai au **e** <u>kite</u> i taku whanaunga
I am going to their house, in order **not** to see my cousin

Here are some more examples _kia tino mārama ai koe_ – so that you completely understand.

I oma au ki raro i te rākau kia kore ai au e māku i te ua
I ran under the tree so that I wouldn't get wet in the rain

Kei te tino whakangungu ia kia kore ai e hinga
He / She is training hard so he / she doesn't lose

Anei he keke kia kore ai koutou e hiakai
Here is a cake so you guys don't get hungry

Tukuna rāua kia mātaki i tā rāua hōtaka kia kore ai e amuamu
Let them watch their programme so that they don't moan

Ka pātai au ki a ia kia tino mārama ai tāua
I will ask him / her so that we completely understand

2. Whakaotia ngā rerenga kōrero e whai ake nei.
2. Complete the following sentences.

  1. Kei te mātakitaki rātou i te pouaka whakaata . . . [_so that they don't argue_]

  _____

  2. Kei te horoi ia i ngā pereti . . . [_so that his mum doesn't get angry_]

  _____

  3. E oma ana ia ki te kāinga . . . [_so that he isn't late_]

  _____

  4. Anei tō tātou hoa! Kua tae mai ia me ā tātou kai . . . [_so that we aren't hungry anymore_]

  _____

  5. Me horoi koe i ō kākahu paru . . . [_so that they don't stink_]

_____

6. Kei te whatu korowai te kui . . . [*so that her grandchild doesn't stand alone on graduation day*]

_____

7. E waiata ana anō rātou i tā rātou waiata . . . [*so that no one forgets the words*]

_____

8. Kei te whakaomaoma i te kurī . . . [*so that he doesn't get fat*]

_____

Rāpare – Thursday

Now that we have studied the uses for **kia** and **kia . . . ai**, let's now put them together in the same sentence *kia kite ai pēhea pēhea* – to see how that works:

Ko te wawata **kia** tae mai ia ā te whā, **kia pai ai** tā tātou wehe ā te rima
*Hopefully (the wish is **that**) he / she arrives at 4, **so that** we can leave at 5*

In this example we can see that **kia** means *that*, but the **kia . . . ai** means *so that* or *in order to*.

E hiahia ana te whānau kia tīmata ngā karakia ināianei, kia oti ai i mua i te ata hāpara
*The whānau (are hoping **that**) want the incantations to start now, **so that** they are completed before sunrise*

30-minute challenge

1. Whakahonoa ngā rerenga i te taha mauī ki te taha matau.

1. Join the sentence on the left to its correct partner on the right.

E akiaki ana ia i a mātou kia mātakitaki i a Ōpaki	kia kore ai te hau kāinga e riri mai
E whai ana rātou kia tohua he kaiārahi i mua i te mutunga o te wiki	kia tere māoa ai
Ko te wawata ia kia kai ngā kaumātua	kia tae wawe atu ai ki Te Matatini i te rā nei
Ko te tūmanako kia paki āpōpō	kia ako ai mātou i te reo
Tapahia ngā kāroti kia iti	kia pai ai te ahu whakamua o te rōpū
Mea atu ki a ia kia kawea ā tātou mihi	kia haere ai tātou ki te marae o Hinemoana
I hiahia rātou kia wehe te pahi inapō	kia kore ai koutou e raru i te tini o ana rūkahu
Ko taku whakahau kia kaua koutou e whakarongo ki a ia	kia kore ai rātou e matekai

1. _____
2. _____
3. _____
4. _____
5. _____
6. _____
7. _____
8. _____

2. Ināianei me whakapākehā koe i ō rerenga.

2. Now translate your sentences into English.

1. _____
2. _____
3. _____
4. _____
5. _____
6. _____
7. _____
8. _____

Rāmere – Friday

🕐 **30-minute challenge**

1. Whakarongo ki te pāhorangi mō tēnei wiki:

1. Listen to this week's podcast at:

www.MaoriMadeEasy2.co.nz

2. Whakapākehātia tā Mere rāua ko Māka kōrero.

2. Translate into English the dialogue between Mere and Māka.

Mere: E Māka, e hiahia ana au ki te haere ki te hokomaha, ko koe hei hoa mōku?

_____

_____

Māka: E pai ana! Kei te hoko aha koe?

_____

Mere: Kei te hoko pūmua kia pai ai taku mahi mōhani i ngā ata, kia pakari ai taku tinana!

_____

_____

Māka: Ko te tūmanako kia ū koe ki tō mahere whakatiki kia tutuki ai ō moemoeā mō tō tinana.

_____

_____

Mere: Tika tāu.

_____

Māka: Ko te hiahia, e hoa, kia haere tāua ināianei, nē? Kia kore ai au e takaroa ki te mahi.

_____

_____

Mere: He kaupapa nui tāu ki tō wāhi mahi i te rā nei?

_____

Māka: Āe, e tuku tono ana au ki te Kaunihera o Rotorua kia kōrero mai te kahika ki a au.

_____

_____

Mere: Ā kāti, me kakama tāua!

_____

No weekend word list this weekend, e hoa mā, but prepare for next week! It's your third revision week. A week designed to test where you're at, and if you are beginning to comprehend sentence structures and understand the language!

WEEK FORTY-FIVE
Wiki Huritao – Revision week

Whakataukī o te wiki
Proverb of the week
Āe, he māunu kaukau wai
Yes, like a duckling that swims about in the water
(aimless or inept person)

Rāhina – Monday

 30-minute challenge

Pānuitia tēnei kōrero kei waenganui i a Atawhai me Anaru, ka tuhi ai i ō whakautu ki ngā pātai.

Read the dialogue between Atawhai and Anaru, then answer the questions.

Anaru: E Ata, kei te hāere koe ki te mātakitaki i te kapa haka?

Atawhai: Āe marika, e hoa. He pai ki a au te mātakitaki i ngā kapa e whakatutū puehu ana.

Anaru: Kei te tū te kapa o tō hapū i tēnei tau?

Atawhai: Āe. Kua toru marama rātou e haratau ana . . . kei hea ia ngā tīkiti? I hokona, i waiho ki te tēpu nei, ināianei kua ngaro!

Anaru: Ko te tūmanako ia kia kitea e koe! Tīkiti kore, kapa haka kore!

Atawhai: Tenā koe i tēnā āwhina nui! E hē! Ki te pakari te tū a te kapa o taku hapū, ka toa, engari ia ki te ngoikore, ka aroha kē!

Anaru: He aha ia nei ō tohutohu ki a rātou, mēnā ko koe te kaiako?

Atawhai: Ka kī au, kia māia, kia manawanui! E rua ēnā kupu rongonui; te māia, te manawanui – kotahi tonu ia te tikanga, arā, kia toa!

Anaru: Heoi anō, kia tere tō kimi i ngā tīkiti, ka tū atamira rātou ā te tekau mā tahi karaka.

Atawhai: Kua aha te wā ināianei?

Anaru: Kua tekau!

Atawhai: Ko te tikanga ia kei konei kē!

Anaru: Tirohia ō pūkoro.

Atawhai: Huh?! *(Ka whāwhā a Atawhai ki roto i ōna pūkoro)* Āta koia!

1. Kei te haere a Ata ki hea?

   _____

2. Tuhia ngā kupu kei te ngaro: 'Kei _____ ngā tīkiti? _____, i waiho _____ nei'

   _____

3. Mēnā ko Atawhai te kaiako i te kapa, he aha āna tohutohu?

4. Āhea te kapa o tōna hapū tū atamira ai?

5. Kua hia marama te kapa e haratau ana?

6. Ko tēhea te whakapākehātanga tika mō, 'Ka aroha kē!'
    a. I love you
    b. I feel pity for them
    c. Love is in the air
7. He aha te kupu Pākehā mō 'pūkoro'?

8. Kua aha te wā ināianei?

9. I kitea ngā tīkiti i hea?

10. Whakapākehātia tēnei kōrero: 'Tīkiti kore, kapa haka kore'

Rātū – Tuesday

 30-minute challenge

Pānuitia tēnei kōrero kei waenganui i a Atawhai me Anaru, ka tuhi ai i ō whakautu ki ngā pātai.

Read the dialogue between Atawhai and Anaru, then answer the questions.

Anaru: E Ata, e haere ana koe ki te tangihanga o Mōrehu?

Atawhai: E haere ana mātou ko te whānau katoa. E hiahia ana taku kuia ki te mihi whakamutunga ki a Mōrehu, kia ea ai tōna pōuritanga.

Anaru: Kei te haere māua ko taku koroua kia kite ai te kirimate i a māua, kia rongo ai rātou i te aroha o tō māua hapū.

Atawhai: Ko te tūmanako kia pai ngā whakahaere o te marae . . . te wā mutunga i tae atu ai au ki reira, i heahea katoa ā rātou whakahaere. Me whakatika kia tutuki pai ai ngā tikanga o te ao tawhito, kia pūāhuru ai hoki te noho a te kirimate, kia kore ai rātou e māharahara ki ngā whakahaere o te marae.

Anaru: He aha ngā momo whakahaere i hē nei, ki ō whakaaro?

Atawhai: Kāore he wahine karanga, kōrero Pākehā ngā tāne whaikōrero, kōtiti hoki ā rātou kōrero ki wīwī, ki wāwā, aha atu, aha atu.

Anaru: E hoa, e pērā ana te āhua ki runga i te maha o ngā marae, puta noa.

Atawhai: Āe, e mārama ana. Kua kī kē atu mātou ki ngā pūkōrero o tō mātou marae, ko tā koutou mahi, he whakatau manuhiri. Waiho mā rātou te tūpāpaku e mihi, e poroporoaki. Hei te pō mutunga, ka kōrero roa rātou mō te aituā-a-Tiki.

Anaru: Me whai tō mātou marae i te tauira a tō marae, kia tika ai hoki ko mātou.

1. Kei te haere a Ata me tōna whānau ki hea?

    _____

2. Tuhia ngā kupu kei te ngaro: 'E _____ ana taku kuia ki te _____ ki a Mōrehu _____ ea _____ tōna _____'

    _____

3. He aha ngā whakahaere o te marae i hē nei?

    _____

    _____

4. Me whai te marae o Anaru i te tauira a wai?

    _____

5. He aha te take e haere nei a Anaru rāua ko tōna koroua ki te tangihanga?

    _____

6. Ko tēhea te whakapākehātanga tika mō, 'ki wīwī, ki wāwā'?
    a. all over the place
    b. to France and Italy
    c. that is the time in France

7. He aha te kupu Pākehā mō 'poroporoaki'?

    _____

8. He aha te kupu Pākehā mō 'kirimate'?

    _____

9. Kei te hē hoki ngā whakahaere ki runga i ētahi atu marae, hei tā wai?

    _____

10. Whakapākehātia tēnei kōrero: 'Hei te pō mutunga, ka kōrero roa rātou mō te aituā-a-Tiki'

    _____

    _____

Rāapa – Wednesday

 30-minute challenge

Pānuitia tēnei kōrero kei waenganui i a Atawhai me Anaru, ka tuhi ai i ō whakautu ki ngā pātai.

Read the dialogue between Atawhai and Anaru, then answer the questions.

Kei waho a Anaru i te whare pukapuka e tū ana.

Anaru: E Ata, i hea koe?

Atawhai: I roto i te whare pukapuka, he aha ai?

Anaru: I te tatari noa iho ki a koe. I pōhēhē au, kua hoki kē koe ki te kāinga. He pai kē atu te hoki i tō taha i te hoki ko au anake.

Atawhai: Tō pai hoki! Hei, kua kite koe i te kiriata hōu a Temuera Morrison? I te kōrero mātou ko aku hoa mō tērā. Me mātakitaki tāua ā te pō nei?

Anaru: Āhea tīmata ai?

Atawhai: Mmm, taku mōhio ā te whitu karaka. Ka tae tonu atu tāua, ahakoa kua ono karaka kē?

Anaru: Mēnā rā ka tere tāua. Ki te oma atu i konei ināianei, ka tekau meneti noa iho te taenga atu ki te kāinga.

Atawhai: Ka oti tēnā! Ka mutu, māku ā tāua tīkiti e hoko i te ipurangi.

Anaru: Ka pai! I taku whakapae, tekau meneti ki te horoi me te panoni kākahu, tēkau meneti hoki te haere i te kāinga tae atu ki te whare kiriata, nō reira ka tau ki reira ā te takiwā o te haurua i te ono.

Atawhai: Ka rawe, ka whai wā tonu ki te tākaro ātaata me te hoko ahikirīmi.

Anaru: Kei te whakatiki au, nō reira wai māori anake mōku.

1. Ka hia te roa kia tae atu ki te kāinga i te whare pukapuka?

   _____

2. I te aha a Anaru i waho i te whare pukapuka?

   _____

3. Ko wai kei roto i te kiriata hōu?

   _____

4. Tuhia te kupu kei te ngaro: 'He pai _____ i tō taha'

   _____

5. Mā wai ngā tīkiti e hoko?

   _____

6. Ka hokona ngā tīkiti i hea?

   _____

7. Ka hia meneti i te kāinga tae atu ki te whare kiriata?

_____

8. Āhea te kiriata tīmata ai?

_____

9. Kia tae rāua ki te kāinga, ka aha?

_____

10. Whakapākehātia ēnei rerenga:

a. kei te whakatiki au =

_____

b. tākaro ātaata =

_____

c. Tō pai hoki! =

_____

Rāpare – Thursday

🕐 30-minute challenge

Pānuitia ngā tīwhiri, ka tuhi ai i te kupu.

Read the clues and guess the word.

1. He wāhi ako 2. He maha o ēnei 3. Ka haere ngā tamariki, kaua ko ngā pakeke	1. He reo ātaahua 2. He reo taketake 3. Te reo tuatahi o Aotearoa	1. He hākinakina 2. Ka mau kākahu pango te kapa o tēnei whenua 3. Buck Shelford	1. Ka whai koe i tēnei mō ō mahi 2. Hei tā ētahi, koia te pūtake o te kino 3. Ka noho ki te Whare Tahua hei poipioi mā reira
_____	_____	_____	_____

1. Kaua e inumia 2. He mōrearea 3. He kupu anō mō te paihana	1. Kua tipu ngā mauti 2. Me tapahi pātītī 3. He hoihoi tana tangi	1. He pai mō te waku niho 2. He pai mō te peita 3. He māmā te kawe	1. Ka whakairi kākahu māku kia pēnei ai 2. Mā ngā hihi o te rā 3. Kupu tauaro ki te maroke
1. He wāhi kei te kāuta / kīhini 2. Ka horoi utauta ki reira 3. Ka whakataka kai ki reira	1. He waka 2. He tāwiri 3. Kātahi te waka ka haruru	1. Ka pāinaina ki reira 2. Ka rangona ngā ngaru 3. Te atua o tātahi	1. Whā tau ki te whare wānanga 2. Ka tae tō whānau ki te hurō 3. Ka whakawhiwhia ki tō tohu
1. Kaha rawa ki te kai 2. Taumaha 3. Nui rawa te puku	1. Koinei te mahi ki runga i tō kawe reo 2. Whakapā atu ki tō hoa 3. Pēhi pātene, kōrero	1. Mō te hunga takahi ture 2. Kei reira ngā mauhere 3. Ka kīa, he hīnaki	1. He whakatipu uaua 2. He puehu 3. Ka kitea i ngā whare hākinakina

Rāmere – Friday

 30-minute challenge

1. **Whakarongo ki te pāhorangi mō tēnei wiki, he momo whakamātautau whakarongo kei reira.**

1. *Listen to this week's podcast, a listening test has been prepared for you.*

 www.MaoriMadeEasy2.co.nz

ANSWERS

WEEK THIRTY-NINE

Rāhina – Monday

1. Hurihia ēnei rerenga hei rerenga whakakāhore. Kātahi ka whakapākehātia ō rerenga whakakāhore.
1. *Turn these sentences into negative form. Then translate your negative sentence into English.*

 1. He aha koe e tae tōmuri ai ki te kura?
    He aha koe e kore ai e tae tōmuri ki te kura?
    Why will you not be late to school?

 2. He aha koe e haere ai ki te whare o Mere?
    He aha koe e kore ai e haere ki te whare o Mere?
    Why will you not be going to Mere's house?

 3. He aha rātou e tautoko ai i a ia hei heamana?
    He aha rātou e kore ai e tautoko i a ia hei heamana?
    Why will they not be supporting him / her as chairperson?

 4. He aha e whati ai i a koe tēnā pene rākau? (*Stative*)
    He aha e kore ai e whati i a koe tēnā pene rākau
    Why will you not be snapping that pencil?

 5. He aha te whānau rā e whirinaki ai ki tērā kura hei kura mō ā rātou tamariki?
    He aha te whānau rā e kore ai e whirinaki ki tērā kura hei kura mō ā rātou tamariki?
    Why will that family not be relying on that school as a learning institution for their children?

 6. He aha kōrua e mārena ai? Tohe ai kōrua!
    He aha kōrua e kore ai e mārena? Tohe ai kōrua!
    Why will you two not be getting married? You argue all the time!

 7. He aha e pakaru ai i a koe te matapihi? (*Stative*)
    He aha e kore ai e pakaru i a koe te matapihi?
    Why will you not be breaking the window?

 8. He aha te wahine rā e uiuitia ai? (*Passive*)
    He aha te wāhine rā e kore ai e uiuitia?
    Why will that woman not be getting interviewed?

 9. He aha te kurī e patua ai? (*Passive*)
    He aha te kurī e kore ai e patua?
    Why will the dog not be hit / killed?

10. He aha ia e whakawhiwhia ai ki taua tohu? (*Passive*)
    He aha ia e kore ai e whakawhiwhia ki taua tohu?
    Why will he / she not be receiving that award / degree?

Rātū – Tuesday

1. Tirohia ngā whakaahua nei, ka kōwhiri ai i te whakautu tika.
1. *Look at the pictures then choose the best answer.*

A. (3) He hiahia nōku kia kite i a koe

B. (4) He wera rawa nōna

C. (1) He hiamoe nōu

D. (5) He hiakai nōna

E. (6) He kite nona kāore he kai i te kāinga

F. (2) He kiriweti nō rāua ki a rāua

2. Tirohia ngā whakaahua nei, ka kōwhiri ai i te whakautu tika.
2. *Look at the pictures then choose the best answer.*

A. (6) Nā te mea ka hiahia tōna pāpā kia kawea te pouaka ki wāhi kē

B. (5) Nā te mea he pai ake te haere mā te pahikara i te hīkoi

C. (3) Nā te mea kei te hiahia ia ki te kuhu ki roto

D. (1) Nā te mea kei te whakarite rāua i te mahere ako mō te tau

E. (2) Nā te mea he pai ia ki te waiata

F. (4) Nā te mea ko ia tētahi e haere ana ki te whakataetae kaipara o te motu

3.   Tirohia ngā whakaahua nei, ka kōwhiri ai i te whakautu tika.

3.   *Look at the pictures then choose the best answer.*

A. (4) Ki te kite i tana whanaunga i Rānana

B. (1) Ki te mihi ki te hau kāinga

C. (2) Ki te tiki rongoā

D. (3) Ki te kimi mātauranga mō tana tuhinga roa

Rāapa – Wednesday

1.   Whakapākehātia ēnei rerenga.

1.   *Translate these sentences into English.*

1.   Because I want to see you

2.   Because he / she is too hot

3.   Because you are tired

4.   Because he / she is hungry

5.   Because she / he realised there was no food at home

6.   Because they don't like each other

7.   Because his / her father wants the box moved to somewhere else

8.   Because it's better to bike than to walk

9.   Because he / she wants to go inside

10. Because they are organising the teaching plan for the year

11. Because she / he is a good singer

12. Because she is going to the national athletics champs

13. To see his / her relation in London

14. To pay acknowledgement to the local people

15. To get some medicine

16. To get some information for his / her essay / thesis

Rāpare – Thursday

1.   Hurihia ēnei rerenga kōrero ki te ***He mea***.

1.   *Change these sentences into **He mea**.*

1.   He mea tino patu rātou e te hoariri

2.   He mea kōrero te reo Māori e ia

3.   He mea whakanui tōna huritau e rātou

4.   He mea meke tōna ihu e ia

5.   He mea wānanga te kaupapa?

6.   He mea tohe e rātou te take nei, pau rā anō te rā

7.   He mea karanga e te kuia rā te manuhiri

8.   He mea waea te tumuaki o te mahi e ia, he hiahia nōna ki te whai mahi

9.   He mea mātakitaki e ia te hōtaka *Kairākau*

10. He mea mārena e ia te wahine o ōna moemoeā

2.   Whakamāoritia ēnei rerenga, whakamahia ***He mea***.

2.   *Translate these sentences into Māori using **He mea**.*

1.   He mea whakatangi te piano e ia

2.   He mea tunu te kai e ngā mātua

3.   He mea pakipaki e te iwi

4.   He mea kite e te tama

5.   He mea tūhura e ngā pirihimana

6. He mea peita te whare e te iwi
7. He mea hopu te ika nui rawa e taku tungāne (if you are female) / e taku tuakana (if you are male)
8. He mea hoko tō mātou whare e taku tuakana / teina (if you are female) e taku tuahine (if you are male)
9. He mea whakahaere te hui e te kōmiti
10. He mea whakaweto te pouaka whakaata e tō māua pāpā, he kore nō māua i whakarongo / he taringa kōhatu nō māua

Rāmere – Friday

2. E nanu ana ēnei rerenga, māu e whakatika (**He mea**).
2. *These sentences are jumbled. Put them in order (**He mea**).*

1. He mea patu te hoariri
2. He mea kōhete te kōtiro e ia
3. He mea whakanui tōna huritau e rātou
4. He mea hāparapara tōna ihu e te tākuta
5. He mea mātakitaki e ia inapō
6. He mea pōwhiri rātou e te iwi inanahi
7. He mea karanga te hui e te iwi o te kuia / e te kuia o te iwi
8. He mea pana ia e te tumuaki o tōna wāhi mahi

WEEK FORTY

Rāhina – Monday

Pānuitia tēnei kōrero kei waenganui i a Atawhai me Anaru, ka tuhi ai i ō whakautu ki ngā pātai.
Read the dialogue between Atawhai and Anaru, then answer the questions.

1. He hiahia nōna kia ngaki a Anaru i tana māra
2. Kia tekau ngā maika, kia tekau ngā āporo, kia tekau ngā ārani
3. He tangata pukumahi / industrious / hard working person
4. I whānau tahi a Anaru me te kō ki tōna ringa
5. He kore hoki nōna i paku whakapono ki te kōrero a Anaru
6. (c) Mouth is watering
7. Banana
8. He kore nōna i wātea
9. Mā Anaru te tōneke e hautū
10. Lest you slip on your own saliva

Rātū – Tuesday

Pānuitia tēnei kōrero kei waenganui i a Atawhai me Anaru, ka tuhi ai i ō whakautu ki ngā pātai.
Read the dialogue between Atawhai and Anaru, then answer the questions.

1. Me haere a Anaru ki te whare o tōna kuia
2. Ki te whakanui i te huritau o tōna kuia
3. E waru tekau ngā tau o te kuia o Anaru
4. Kei te mahi hāngi mātou
5. Ka kai ngā manuhiri i te hāngi
6. Tokomaha ngā tāngata ka tae ki te huritau
7. Koia te kuia karanga o te marae. Koia hoki tētahi o ngā kaitohutohu i te Kaunihera o Tāmaki
8. Ā tērā wiki
9. He hiahia nōna kia kite i ngā āhuatanga o Amerika
10. Whakapākehātia ēnei rerenga:
    a. taku whakapae = *I reckon / My suspicion is*
    b. kāore au i pōwhiritia = *I wasn't invited*
    c. I pōhēhē au, ko koe tana makau = *I thought you were her favourite*

Rāapa – Wednesday

Pānuitia tēnei kōrero kei waenganui i a Atawhai me Anaru, ka tuhi ai i ō whakautu ki ngā pātai.
Read the dialogue between Atawhai and Anaru then answer the questions.

1. Daredevil
2. Lucky / Fortunate
3. Anaru, Atawhai me ā rāua irāmutu
4. He mea whakahau rātou e te hapori
5. Ko Mereana
6. Kei Te Kura Kaupapa Māori o Te Atarau
7. Āe
8. He aha ngā taputapu hōu o te papa rēhia?
   a. Porowhawhe – *Roundabout*
   b. Māwhaiwhai – *Climbing spider web*
   c. Tārere – *Swing*
   d. Tāheke – *Slide*
   e. Tīemiemi – *See-saw*
9. Kia tūpato kei taka koe i konā. Heke iho koe ki raro!
10. Ka mahue te tuku mai ki a tāua

Rāpare – Thursday

Pānuitia ngā tīwhiri, ka tuhi ai i te kupu.
Read the clues and guess the word.

1. Kāore e pirihonga ki te wahine kotahi 2. He pō he wahine, he pō he wahine 3. He tāne e moe ana i ngā wāhine maha **Ure paratī**	1. He whenua o te ao 2. He whenua nui te kaha 3. Te kāinga o te NBA **Amerika**
1. He hākinakina 2. Ka mau komo ringa 3. Muhammad Ali **Mekemeke**	1. He kōeko tō te mea nei 2. He tōwhiro 3. He tiakarete, he rōpere ētahi o ōna tāwara **Aihikirimi**
1. Ka haere ki konei ki te īnoi 2. Kei reira te wairua o te Karaiti 3. Āmine **Whare karakia**	1. Ka hui te hunga rangatahi ki tēnei wāhi 2. He whare kiriata kei roto i te nuinga 3. He maha ōna toa **Whare toatini**
1. Kei roto i te moana 2. Kei te piri ki te toka 3. Ka rukua e te tangata **Kūtai**	1. Kāore i mihi 2. Kei te hē te whanonga 3. Kua tū te ihu **Pakirara**
1. He oranga 2. He kupu anō mō te māngari 3. Inā whiwhi koe i te Lotto, ko koe tēnei **Waimarie**	1. He ako 2. Kei te Whare Wānanga tēnei mea 3. He māramatanga kei roto **Mātauranga**
1. He mahi nā ngā ringaringa 2. He mihi 3. Te pānga o tētahi ringa ki tētahi **Pakipaki**	1. Ka kai koe i tēnei mēnā ka māuiui koe 2. Ka hoatu te tākuta ki a koe 3. He mea whakaora **Rongoā**
1. Ngā tāngata taketake o tētahi wāhi 2. Tangata whenua 3. Nō rātou te mana o te kāinga **Hau kāinga**	1. Taumāhekeheke o te Ao 2. Usain Bolt 3. Mētara kōura **Kaipara**
1. Kei reira te karaka nui o Pēne 2. Kei Ingarangi 3. Ka haere ngā rangatahi ki reira mo ā rātou OE **Rānana**	1. He whenua o te Ao 2. He porohita whero kei tōna haki 3. Kei reira te whaitua nui o Tōkio **Hapāni**

WEEK FORTY-ONE

Rāhina – Monday

1. Tukuna te *ia* ki tōna wāhi tika i ēnei rerenga kōrero. Kua oti kē te tuatahi.

1. *Place the **ia** into its correct position in these sentences. The first one has been done.*

   1. Ko te waha e whakaae ana, ko te ngākau **ia** e whakahē ana
   2. Ki tā ngā tamariki he pai, ki tā ngā pakeke **ia** he hōhā
   3. I ora te whānau, ko te waka **ia** i totohu
   4. I whakatoiharatia tāna kōrero, nō muri **ia** ka kitea i tika kē
   5. He maha ngā wāhanga o tana kauhau i pai, ko te wāhanga **ia** i hē, ko te wāhanga mō te reo
   6. Kua hoki mai te nuinga i tātahi, ko te kurī **ia** kua ngaro

2. Ināianei me whakapākehā ngā rerenga o runga nei.

2. *Now translate into English the sentences you have just completed.*

   1. Ko te waha e whakaae ana, ko te ngākau ia e whakahē ana
      Verbally he is agreeing, but in his heart he disagrees
   2. Ki tā ngā tamariki he pai, ki tā ngā pakeke ia he hōhā
      *The kids think it's great, **but** the adults think it sux*
   3. I ora te whānau, ko te waka **ia** i totohu
      *The whānau escaped, **but** the car sank*
   4. I whakatoiharatia tāna kōrero, nō muri **ia** ka kitea, i tika kē
      *His / Her comments were rubbished **but** later on they realised he / she was right*
   5. He maha ngā wāhanga o tana kauhau i pai, ko te wāhanga **ia** i hē, ko te wāhanga mō te reo
      *There were many great aspects to his / her presentation, **but** the parts about the language were wrong*
   6. Kua hoki mai te nuinga i tātahi, ko te kurī **ia** kua ngaro
      *Most of them are back from the beach, **but** the dog is missing*

Rātū – Tuesday

1. Tukuna te *ia* ki tōna wāhi tika i ēnei rerenga kōrero. Kua oti kē te tuatahi.
1. *Place the **ia** into its correct position in these sentences. The first one has been done.*

   1. Ko te kaupapa **ia** o te haere, he ako i ngā kōrero mō ngā rongoā
   2. Mēnā **ia** he amuamu āu, haria ki te tumuaki o te kura
   3. Ko te pātai **ia**, āe rānei ka ora te reo āpōpō
   4. Ko te whakaaro **ia**, kia haere tātou ki te kiriata ā te pō nei
   5. Kotahi tonu **ia** te huarahi ki Rotorua, e hoa!
   6. Kei hea **ia** he wāhi i tua atu i tēnei te ātaahua?

2. Ināianei, me whakapākehā ngā rerenga o runga nei.
2. *Now, translate into English the sentences you have just completed.*

   1. The main reason for this trip is to learn about traditional remedies
   2. If you do indeed have a complaint, take it to the principal of the school
   3. The pressing question is, will the language survive into the future?
   4. The actual idea (I have), is for us all to go to the movies tonight.
   5. There is unquestionably only one route to Rotorua, my friend!
   6. Where on earth is there a place better than this, for its beauty?

Rāapa – Wednesday

1. Honoa te rerenga kōrero Pākehā ki te rerenga kōrero Māori tika.
1. *Match the English sentence with the correct Māori sentence.*

   1. = d
   2. = a
   3. = b
   4. = e
   5. = c

2. Whakaotia ēnei rerenga kōrero mō ia whakaahua, whakamahia te ***engari ia***.
2. *Complete these sentences about each picture, using **engari ia**.*

   1. Kua oho te tāne, engari ia, kei te moe tonu te tama

2. Kei te ua ki konei, engari ia, kei te whiti te rā ki Ōtautahi / kei te paki ki Ōtautahi

3. Kua hoki mai ngā tamariki, engari ia te kōtiro, kei te kai tonu / kei te kai tonu te kōtiro

4. He ngoikore a Hēmi, engari ia, he kaha a Rewi

5. Kua pau te hau o te ngeru, engari ia te kurī, kei te tākaro tonu / kei te tākaro tonu te kurī

Rāpare – Thursday

Whakapākehātia ngā kōrero ki waenganui i a Mere rāua ko Māka.

Translate the following dialogue between Mere and Māka into English.

Your translation should be close to this:

Mere: Māka, what are you up to? (What are you doing?)

Māka: I'm getting ready to go to my rugby match. The body is ready, but the mind is a little reluctant.

Mere: Buddy, harden up! Waste that other team, and then you and I will go for a drink.

Māka: Mmm, what do you recommend I do to build some courage inside, my friend?

Mere: Believe, buddy! If you believe, you will achieve! But you and your team need to work together too!

Māka: Mmm, I really hope you are right, this is a very important game!

Mere: Yes, I know! But I believe you guys can do it, now you guys need to believe you can do it too! If you are united, you will win, but (there is no doubt), that if you are divided, you will lose!

Māka: This is great advice Mere, thanks!

Mere: I really wish you all the bravery and strength in the world, Māka! Those are two well-known words, bravery and strength, but the sentiment is the same, to be victorious!

Māka: Yes indeed!

Rāmere – Friday

2. Whakaotia tēnei pangakupu.

2. *Complete the crossword.*

Whakararo | *Down*

1. MĀIA

3. HOROKUKŪ

4. EA

6. ĀHEIHĀ

8. WHAKAAE

Whakapae | *Across*

2. WHAKAHĒ

5. ENGARI IA

7. HUA

9. KUA PAU TE HAU

10. MOEMOEĀ

WEEK FORTY-TWO

Rāhina – Monday

1. Tirohia ēnei whakaahua. Whiriwhirihia te rerenga tika mō ia whakaahua.

1. *Look at the following pictures. Choose the correct sentence for each picture.*

A. (2) Kei te wehe te pahi i Tauranga

B. (9) Kei te makere te tāne i te tereina

C. (8) Kua puta te kōtiro i tōna whare

D. (3) I whakarere te ika i ōna hoa

E. (4) E hoki ana te tama ki te kāinga i te kura

F. (5) Kei te rere te waka rererangi i Otepoti

G. (1) Kei te hūnuku au i a koe

H. (7) Kua heke te ngeru i te rākau

I. (10) Kua rere te manu i tōna kōhanga

J. (6) Kei te oma ngā tamariki i te taika

2. Porohitatia te kupu ahu tika mō ēnei rerenga (tērā pea neke atu i te kotahi e tika ana).

2. *Circle the correct directional indicator for each sentence (there may be more than one correct answer).*

1. Kei te hūnuku au i a   (**atu**, mai, ake, iho)
   koe
2. Kei te wehe te pahi i   (**atu**, mai, ake, iho)
   Tauranga
3. I whakarere te ika i   (**atu**, mai, ake, **iho**)
   ōna hoa
4. E hoki ana te tama   (atu, **mai**, ake, iho)
   ki tōku kāinga i te
   kura
5. Kei te rere te waka   (**atu**, mai, ake, iho)
   rererangi i Otepoti
6. Kei te oma ngā   (**atu**, mai, ake, iho)
   tamariki i te taika
7. Kua heke te ngeru i   (atu, **mai**, ake, **iho**)
   te rākau
8. Kua puta te kōtiro i   (**atu**, mai, ake, iho)
   tōna whare
9. Kei te makere te   (atu, **mai**, ake, **iho**)
   tāne i te tereina
10. Kua rere te manu i   (**atu**, mai, ake, iho)
    tōna kōhanga

Rātū – Tuesday

1. Tirohia ēnei whakaahua. Whakautua te pātai.
1. *Look at the following pictures. Answer each question.*

   1. . . . i te kura
   2. . . . i te papa
   3. . . . i te tēpu kai
   4. . . . i te tereina
   5. . . . i te rākau
   6. . . . i te / tōna moenga
   7. . . . i kura
   8. . . . i te whare kararehe
   9. . . . i te tūraparapa
   10. . . . i te pouraka / moenga pēpi

2. Whakaurua te tūpou tika.
2. *Insert the appropriate pronoun.*

   1. (**tāua,** rāua, kōrua, māua)
   2. (tāua, **rāua**, kōrua, māua)
   3. (tāua, rāua, **koutou**, mātou)
   4. (tātou, rāua, koe, **māua**)
   5. (au, rāua, **koe,** māua)
   6. (**tāua,** rāua, kōrua, tātou)
   7. (tāua, rāua, mātou, **rātou**)
   8. (ia, rāua, koutou, **māua**)

Rāapa – Wednesday

1. Tuhia he rerenga kōrero mō ēnei whakaahua, whakamahi te *i . . . ki*.
1. *Compose a sentence for each picture using i . . . ki.*

   1. E hīkoi atu ana rāua i te whare karakia ki te kura

2. E oma atu ana ia i Rotorua ki Maketū

3. Kaikōrero 1: Kei te haere koe ki hea?

    Kaikōrero 2: I konei ki te whare kiriata.

4. E puta atu ana te koroua i te whare ki waho

5. Kei te hiki ngā tāne / rāua i te pouaka i te papa ki te whata

2. Whakaotia ēnei rerenga kōrero, whakamahia ngā kupu kei roto i ngā taiepa, me te **tae noa**.

2. *Complete these sentences. Use the words in the brackets to help you, and the **tae noa**.*

1. Ka haratau tātou i te whitu karaka i te pō tae noa ki te waenganui pō

2. Kua moe rātou i tērā pō tae noa ki tēnei wā

3. Ka ngaki au i te māra i te ata nei tae noa ki te ahiahi pō

4. Me kauhoe koutou i uta nei tae noa ki Mokoia

5. I hararei mātou i te tekau mā iwa o Whiringa-ā-rangi tae noa ki te tahi o Hakihea

6. Me tautoko au i te noho hōpuni a taku hoa i te Rāhina tae noa ki te Rāmere

Rāpare – Thursday

1. Kōwhiria ngā rerenga kōrero e tika ana hei whakaoti i te kōrero i waenganui i a Atawhai rāua ko Rāwiri.

1. *Choose the correct sentences to complete the dialogue between Atawhai and Rāwiri.*

1. I oma mai koe ki tōku whare?

2. Āe, tēnā koa whakakīa taku ipu ki te wai

3. Kei te aha koe?

4. Kei te tunu pihikete au

5. Whakarekahia te kōnatutanga ki te huka

6. Kei te oma anō koe ki tō kāinga?

7. E mea ana koe!

8. Kaua e wareware ki te pani i te kiri ki te ārai tīkākā

2. Kōwhiria ngā rerenga kōrero e tika ana hei whakaoti i te kōrero i waenganui i a Atawhai rāua ko Rāwinia.

2. *Choose the correct sentences to complete the dialogue between Atawhai and Rāwinia.*

1. Hōmai ngā ārani rā

2. He aha ai?

3. Me tapahi ki te māripi nei, he nui rawa ngā wāhanga

4. Pai tēnā whakaaro. Kia mutu tēnā, māku e horoi anō ki te wai

5. Ka tahu koe i te ahi ākuanei?

6. E mea ana koe! He makariri hoki ā-waho

7. Me tapahi wāhie anō koe ki te toki

8. Pokokōhua!

Rāmere – Friday

2. Whakapākehātia ngā kōrero ki waenganui i a Mere rāua ko Māka.

2. *Translate the following dialogue between Mere and Māka into English.*

Mere: Hey Māka, where are you?

Māka: At my place / house.

Mere: Is Ani still there?

Māka: Nope, she's already left to go to Whangārei.

Mere: When did she leave?

Māka: Mmm, she left the house to go to town at 7am, and the bus left town to go to Whangārei at 8am.

Mere: I'm a bit sad I didn't get the chance to say goodbye to her.

Māka: It's ok! She will be returning from Whangārei (to here) next month. She is going to stay at my place again.

Mere: Awesome! Have you organised lunch / got some lunch ready? I'm on my way to yours (your place).

Māka: Not yet.

Mere: All good! I'll fill some bags here with food, I'll be over (from here to there) soon.

WEEK FORTY-THREE

Rāhina – Monday

1. Tirohia ēnei whakaahua. Whiriwhirihia te rerenga tika mō ia whakaahua. Kimihia te whiore tika i te tuatahi. Kua oti kē te whakautu tuatahi.

1. *Look at the following pictures. Choose the correct sentence for each picture. Find the correct ending for each sentence first. The first answer has been done.*

_8_. Kei te whakamaroketia ōna makawe   . . . ki te whakamaroke makawe

_9_. Kei te whakamaroketia ngā utauta   . . . ki te tauera

_7_. Kei te haua te pōro   . . . ki te rākau hahau pōro

_10_. E tapahia ana te parāoa   . . . ki te māripi

_2_. Kei te wakua ōna niho   . . . ki te taitai niho

_1_. E tahitahia ana te papa   . . . ki te tahitahi

_3_. E pōtarotarohia ana ngā mauti   . . . ki te pōtarotaro

_6_. Kei te tuhia he kōrero   . . . ki te pene

_5_. Kei te tukatukahia te waka   . . . ki te tāwiri / ki te kī

_4_. E ūkuia ana te tūpapa   . . . ki te muku

2. Whakamāoritia ēnei rerenga kōrero.

2. *Translate these sentences into Māori.*

1. Kāore te tūpapa e ūkuia ana ki te muku
2. Kāore te waka i te horoia ki te uku me te wai
3. Kāore te māra e kōnehutia ana ki te tāoke
4. Kāore ōna pūkoro i whakakīa ki te moni
5. Kāore tōna ngākau i whakakīa ki te mauāhara
6. Kāore te pouaka whakaata i whakawetoa ki te rau mamao

Rātū – Tuesday

1. Waihangatia kia waru ngā rerenga kōrero i te tūtohi i raro nei.

1. *Construct 8 sentences using the table below.*

1. He tawhiti kē ake a Rotorua i a Tāmaki
2. He nui kē ake ōku uaua i ōu
3. He kaha kē ake te tuakana i te teina ki te kōrero
4. He tawhito kē atu te waka tauā i te motukā
5. He reka kē atu te tiakarete i te puananī
6. He ātaahua kē atu tōna reo i tō Mere ki te waiata
7. He teitei kē atu te kauri i te mānuka
8. He tere kē atu a Hēmi i a koe ki te oma

2. Ināianei me whakapākehā e koe ō rerenga.

2. *Now translate your sentences into English.*

1. Rotorua is much further away than Auckland
2. My muscles are much bigger than yours

3. The older sibling is much stronger than the younger one at speaking

4. A war canoe is much older than a car

5. Chocolate is much sweeter than broccoli

6. He / She has a much more beautiful voice than Mere when it comes to singing

7. A kauri is much taller than a mānuka

8. Hemi is much faster than you at running

Rāapa – Wednesday

1. Tuhia he rārangi mai i te ingoa i te taha mauī ki te whakaahua i te taha matau.

1. *Draw a line from the name on the left of your page, to the correct picture on the right.*

 1. He pai kē ake a Rangi i a koe ki te tākaro tēnehi *(line between Rangi and tennis)*

 2. He pai kē ake a Tamehana i a koe ki te tākaro poiwhana *(line between Tamehana and football)*

 3. He pai kē ake a Orewa i a koe ki te tākaro poiuka *(line between Orewa and softball)*

2. Whakapākehātia ēnei rerenga kōrero.

2. *Translate the following sentences into English.*

 1. This painting is much more attractive than that one

 2. My house is much warmer than yours

 3. Christchurch is much colder than Kaikohe

 4. Aoraki is much taller than Taupiri

 5. I am much cleverer than you

 6. Hēnare is much better than you all at looking after the kids

3. Tuhia he rerenga kōrero whakataurite mō ia whakaahua, whakaurua te **kē**.

3. *Write a comparison sentence for each picture, use **kē**.*

 1. He pai kē ake te eke pahikara i te eke pahi

 2. He pai kē atu te mātakitaki pouaka whakaata i te momi tūpeka

 3. He pai kē atu te moe i te piki rākau

Rāpare – Thursday

1. Whakamāoritia ēnei rerenga kōrero, āta whakaarohia me pēhea tō whakamahi i te **kē**.

1. *Translate the following sentences into Māori. Think carefully how you are going to use **kē**.*

 1. Kei hea kē aku pukapuka?

 2. Kei hea kē ngā tāwiri / kī?

 3. Tō pukumahi kē!

 4. Tōna kaha kē!

 5. Ehara tēnei i te māripi, he mārau / paoka kē

 6. Kua tekau karaka (i te pō) kē

 7. Kua haere kē rāua

 8. I ngana au ki te awhi i a ia engari i huri kē ia

 9. Nō Ngāti Whakaue kē rāua

 10. He māia ke atu ia i a rātou

2. Whakahāngūtia ēnei rerenga, kia rua ngā hāngūtanga.

2. *Make these sentences passive. Use the double passive form.*

 1. Kei te powhiritia kētia e rātou ngā manuhiri

 2. Kua pikia kētia e te whānau te maunga rā

 3. Kua kitea kētia e mātou tēnei kiriata

 4. Kua hoea kētia e te iwi te waka ki uta

 5. Kua tunua kētia e Māmā ngā pihikete

 6. I te horoia kētia e ngā tamariki te waka

 7. I te katohia kētia e ia ngā putiputi

 8. E pēhia kētia ana e rātou te Iwi Moemoeā

 9. E tuhia kētia ana e te tama te pukapuka hōu

 10. Kei te hopukina kētia e rāua āna kōrero

Rāmere – Friday

2. Whakaotia tēnei pangakupu.
2. *Complete the crossword.*

   Whakararo | *Down*

   1. TUKATUKA

   4. MAUĀHARA

   5. WAKU

   9. ŪKUI

   Whakapae | *Across*

   2. PŪKORO

   3. TŪPAPA

   6. WHAKAMAROKE

   7. NGANA

   8. MAUTI

   10. MONI

WEEK FORTY-FOUR

Rāhina – Monday

1. Kōwhirihia te mea tika; ***ki te***, ***kia*** rānei hei whakaoti i ēnei rerenga kōrero.
1. *Choose the correct one; **ki te** or **kia** to complete the following sentences.*

   1. (**ki te** / kia)
   2. (**ki te** / kia)
   3. (ki te / **kia**)
   4. (**ki te** / kia)
   5. (ki te / **kia**)
   6. (ki te / **kia**)
   7. (**ki te** / kia)
   8. (ki te / **kia**)
   9. (**ki te** / kia)
   10. (**ki te** / kia)

2. Whakamāoritia ēnei rerenga kōrero, me kōwhiri mēnā rā ko te ***ki te*** ko te ***kia*** rānei te mea tika mō ō whakamāoritanga.
2. *Translate these sentences into Māori, you will need to decide between **ki te** and **kia** as you translate.*

   1. E tono ana taku hoa kia kōrero koe i te tuatahi
   2. Ko te whakahau a te kōti, kia haere koe ki te whare herehere
   3. E whakaaro ana mātou ki te haere ki tātahi i te rā nei
   4. Kei te pīrangi ia kia tae atu tātou i mua i te poupoutanga o te rā
   5. Kei te pīrangi ia ki te haere ki Western Heights High School (Te Kura Tuarua o Kaitao Rotohokahoka) ā tērā tau

Rātū – Tuesday

1. Whakaotia ngā rerenga kōrero kei raro iho nei. E rua ngā momo kōwhiringa: ***ki te***, ***kia*** rānei.
1. *Complete the following sentences. There are two options for you to select from: **ki te** and **kia**.*

   1. E haere ana au **ki te** whare o taku kuia
   2. Kei te pīrangi te iwi **kia** whakarongo te Kāwanatanga
   3. Shhh, kei te pīrangi mātou **ki te** mātakitaki i a *Marae*
   4. Ko te manako **kia** tau ngā manaakitanga ki runga i a koutou
   5. Āe, e pai ana **kia** waea atu koe ki a ia
   6. I te whakaaro te whānau rā **ki te** hīkoi ki te tāone
   7. Kei te tono te kaiako **kia** tīmata ngā tauira ki te tuhi
   8. I akiaki au i a ia **kia** haere mai, auare ake!

9. I kī atu taku māmā **kia** noho taku wahine ki te kai, engari kāore ia i pīrangi

10. Ka mahi nui au **ki te** āwhina i a koe, e hoa

2. Ināianei me whakapākehā koe i aua rerenga.

2. Now translate those sentences into English.

1. I am going to my grandmother's house

2. The tribe wants the Government to pay attention / listen

3. Shhh, we want to watch *Marae*

4. The desire is that goodwill and generosity be bestowed on you all

5. Yes, it is ok for you to ring her / him

6. That family was thinking of walking to town

7. The teacher is requesting that the students start to write

8. I encouraged him to come here, but to no avail

9. My mother said for my girlfriend / wife to sit and eat, but she didn't want to

10. I will do everything I can to help you, my friend

Rāapa – Wednesday

1. Whakaotia ngā rerenga kōrero kei raro iho nei. Whakamahia te **kia . . . ai** mō te wāhanga tuarua o te kōrero. Ko te tuatahi hei tauira.

*1. Complete the following sentences. Use the **kia . . . ai** for the second part of sentence. The first one has been completed already as an example.*

1. Kei te haere ki tō rāua whare, kia kite ai au i taku whanaunga

2. Kei te kai **tō koutou** pāpā, kia kī ai tōna puku

3. Haere mai ki roto i **tō mātou** taiwhanga moe kia whawhewhawhe ai tātou

4. Kei te tāhae ia i **tā māua** pukapuka reo Māori kia mōhio ai ia ki te reo

5. Kua tae mai **tō tātou** pahi kia haere ai tātou ki te tāone

6. Kua peita rāua i **tō rātou** whare kia pīataata ai

7. Ka haere ngā tamariki ki **tō rātou** marae kia mōhio ai rātou he Māori rātou

8. Ka mihi ngā kōtiro ki **tō tātou** maunga kia maumahara ai tātou

9. I whakatika ngā koroua i **tō mātou** whare karakia kia nui ake ai

10. Kei te moe **tō rātou** kuia kia pakari ai ia mō āpōpō

2. Whakaotia ngā rerenga kōrero e whai ake nei.

2. Complete the following sentences.

1. Kei te mātakitaki rātou i te pouaka whakaata kia kore ai rātou e tohe

2. Kei te horoi ia i ngā pereti kia kore ai tana māmā e riri

3. E oma ana ia ki te kāinga kia kore ai ia e takaroa

4. Anei tō tātou hoa! Kua tae mai ia me ā tātou kai kia kore ai tātou e hiakai tonu

5. Me horoi koe i ō kākahu paru kia kore ai e haunga

6. Kei te whatu korowai te kui kia kore ai tāna mokopuna e tū mokemoke ki tana whakapōtaetanga

7. E waiata ana anō rātou i tā rātou waiata kia kore ai rātou e wareware ki ngā kupu

8. Kei te whakaomaoma i te kurī kia kore ai e mōmona

Rāpare – Thursday

1. Whakahonoa ngā rerenga i te taha mauī ki te taha matau.

1. Join the sentence on the left to its correct partner on the right.

1. E akiaki ana ia i a mātou   kia ako ai mātou i te reo
kia mātakitaki i a Ōpaki

2. E whai ana rātou kia   kia pai ai te ahu whakamua
tohua he kaiārahi i mua i   o te rōpū
te mutunga o te wiki

3. Ko te wawata ia kia kai   kia kore ai rātou e matekai
ngā kaumātua

4. Ko te tūmanako kia paki āpōpō — kia haere ai tātou ki te marae o Hinemoana
5. Tapahia ngā kāroti kia iti — kia tere māoa ai
6. Mea atu ki a ia kia kawea ā tātou mihi — kia kore ai te hau kāinga e riri mai
7. I hiahia rātou kia wehe te pahi inapō — kia tae wawe atu ai ki Te Matatini i te rā nei
8. Ko taku whakahau kia kaua koutou e whakarongo ki a ia — kia kore ai koutou e raru i te tini o ana rūkahu

2. Ināianei me whakapākehā koe i ō rerenga.
2. *Now translate your sentences into English.*

1. He / She is encouraging us to watch Ōpaki so that we learn te reo Māori
2. Their goal is to appoint a leader by the end of the week so that their group / party can move forward
3. The desire is for our elders to eat first so that they don't get hungry
4. We hope that it is fine tomorrow so we can go to the beach
5. Cut the carrots into small pieces so that they cook quicker
6. Tell him / her to pass on our regards so that the locals don't get angry with us
7. They wanted the bus to leave last night so that they would arrive punctually to Te Matatini today
8. My advice to you all is not to listen to him / her so you don't get caught up in their lies / bulls@*t

Rāmere – Friday

2. Whakapākehātia tā Mere rāua ko Māka kōrero.
2. *Translate into English the dialogue between Mere and Māka.*

Mere: Hey Māka, I want to go to the supermarket, can you come with me?

Māka: Sweet as! What are you going to buy?

Mere: Protein so I can make smoothies in the morning, so that my body gets stronger (more muscular).

Māka: I hope you are sticking to your diet so that you achieve your goals for your body.

Mere: True (you're right).

Māka: The wish is, my friend, that we go now, ok? So that I am not late for work.

Mere: Is there something important happening at your work today?

Māka: Yes, I am sending a request to the Rotorua Council for the mayor to talk to me.

Mere: Right then, we better get a move on!

WEEK FORTY-FIVE

Rāhina – Monday

Pānuitia tēnei kōrero kei waenganui i a Atawhai me Anaru, ka tuhi ai i ō whakautu ki ngā pātai.
Read the dialogue between Atawhai and Anaru, then answer the questions.

1. Kei te haere a Ata ki te mātakitaki i te kapa haka
2. Kei hea ia ngā tīkiti? I hokona, i waiho ki te tēpu nei
3. Kia māia, kia manawanui
4. Ā te tekau mā tahi karaka
5. Kua toru marama te kapa e haratau ana
6. (b) I feel pity for them
7. Pocket
8. Kua tekau karaka
9. I kitea ngā tīkiti i te pūkoro o Atawhai
10. No tickets, no kapa haka

Rātū – Tuesday

Pānuitia tēnei kōrero kei waenganui i a Atawhai me Anaru, ka tuhi ai i ō whakautu ki ngā pātai.
Read the dialogue between Atawhai and Anaru, then answer the questions.

1. Kei te haere a Ata me tōna whānau ki te tangihanga o Mōrehu
2. E hiahia ana taku kuia ki te mihi whakamutunga ki a Mōrehu, kia ea ai tōna pōuritanga
3. Kāore he wahine karanga; i kōrero Pākehā ngā tāne whaikōrero; kōtiti hoki ā rātou kōrero ki wīwī, ki wāwā, aha atu, aha atu.
4. Me whai te marae o Anaru i te tauira a te marae o Atawhai
5. Kia kite ai te kirimate i a rāua, kia rongo ai rātou i te aroha o tō rāua hapū
6. (a) All over the place
7. Farewell (usually only to a deceased person)
8. Immediate family of the deceased
9. Āe. Hei tā Anaru
10. On the final night they are permitted to speak at length about the deceased person

Rāapa – Wednesday

Pānuitia tēnei kōrero kei waenganui i a Atawhai me Anaru, ka tuhi ai i ō whakautu ki ngā pātai.
Read the dialogue between Atawhai and Anaru, then answer the questions.

1. Ka tekau meneti te roa kia tae atu ki te kāinga i te whare pukapuka
2. I te tatari a Anaru ki a Atawhai
3. Ko Temuera Morrison kei roto i te kiriata hou
4. He pai kē atu te hoki i tō taha
5. Mā Atawhai ngā tīkiti e hoko
6. Ka hokona ngā tīkiti i te ipurangi
7. Ka tekau meneti i te kāinga tae atu ki te whare kiriata
8. Ā te whitu karaka
9. Kia tae rāua ki te kāinga, ka horoi, ka panoni kākahu
10. Whakapākehātia ēnei rerenga:
    a. kei te whakatiki au = *I am dieting / I am on a diet*
    b. tākaro ātaata = *play video games*
    c. Tō pai hoki! = *You are so awesome!*

Rāpare – Thursday

Pānuitia ngā tīwhiri, ka tuhi ai i te kupu.
Read the clues and guess the word.

1. He wāhi ako 2. He maha o ēnei 3. Ka haere ngā tamariki, kaua ko ngā pakeke **kura**	1. He reo ātaahua 2. He reo taketake 3. Te reo tuatahi o Aotearoa **te reo Māori**
1. He hākinakina 2. Ka mau kākahu pango te kapa o tēnei whenua 3. Buck Shelford **whutupōro**	1. Ka whai koe i tēnei mō ō mahi 2. Hei tā ētahi, koia te pūtake o te kino 3. Ka noho ki te Whare Tahua hei poipoi mā reira **moni**
1. Kaua e inumia 2. He mōrearea 3. He kupu anō mō te paihana **tāoke**	1. Kua tipu ngā mauti 2. Me tapahi pātītī 3. He hoihoi tana tangi **pōtarotaro**
1. He pai mō te waku niho 2. He pai mō te peita 3. He māmā te kawe **taitai**	1. Ka whakairi kākahu māku kia pēnei ai 2. Mā ngā hihi o te rā 3. Kupu tauaro ki te maroke **maroke / whakamaroke**
1. He wāhi kei te kāuta / kīhini 2. Ka horoi utauta ki reira 3. Ka whakataka kai ki reira **tūpapa**	1. He waka 2. He tāwiri 3. Kātahi te waka ka haruru **tukatuka**
1. Ka pāinaina ki reira 2. Ka rangona ngā ngaru 3. Te atua o tātahi **te marae o Hinemoana**	1. Whā tau ki te whare wānanga 2. Ka tae tō whānau ki te hurō 3. Ka whakawhiwhia ki tō tohu **whakapōtaetanga**
1. Kaha rawa ki te kai 2. Taumaha 3. Nui rawa te puku **mōmona**	1. Koinei te mahi ki runga i tō kawe reo 2. Whakapā atu ki tō hoa 3. Pēhi pātene, kōrero **waea atu**
1. Mō te hunga takahi ture 2. Kei reira ngā mauhere 3. Ka kīia, he hīnaki **whare herehere**	1. He whakatipu uaua 2. He puehu 3. Ka kitea i ngā whare hākinakina **pūmua**

He mihi / Acknowledgements

Ki taku tōrere pūmau ki a Stacey,

Ki aku tamariki kāmehameha ki a Hawaiki, Kurawaka me Maiana Sam,

Ki taku kōkara whakaruruhau ki a Beverley,

Ki a Jeremy Sherlock me Stuart Lipshaw o te umanga o Penguin Random House,

Ki aku hoa whare wānanga, nā koutou nei i whakatō mai te kākano o te reo ki tōku whatumanawa, arā, ki a Finney Davis, Aramahou Ririnui mā, tēnā koutou,

Tae atu rā ki aku pouako kaingākau nā koutou nei tōku reo i whakapakari, i whakamakaurangi kia puāwai ki te ao, arā, ki ngā whitiki o te kī, ki ngā rūānuku o te kōrero, ki a Ahorangi Wharehuia Milroy, Ahorangi Tīmoti Kāretu, me Ahorangi Pou Temara,

Tē taea e te kupu noa ngā mihi o te ngākau te whakapuaki ake, nō reira, kia pēnei noa, tēnā rā koutou katoa!

To my darling wife Stacey,

To my precious children Hawaiki, Kurawaka and Maiana Sam,

To my ever supportive mother Beverley,

To Jeremy Sherlock and Stuart Lipshaw and Penguin Random House,

To my university colleagues Finney Davis, Aramahou Ririnui and many others who encouraged me to learn the language and embedded its essence within me,

To my admired lecturers, who continue to shape and enhance my language skills in readiness for the public arena, doyens of oratory, virtuosos of rhetoric: Professor Wharehuia Milroy, Professor Tīmoti Kāretu and Professor Pou Temara,

Words cannot fully express my gratitude!

More te reo Māori titles from Penguin Random House

MĀORI AT HOME
Scotty and Stacey Morrison

Māori at Home is the perfect introduction to the Māori language, covering the basics of life in and around a typical Kiwi household.

Whether you're practising sport, getting ready for school, celebrating a birthday, preparing a shopping list or relaxing at the beach, *Māori at Home* gives you the words and phrases – and confidence – you need.

MĀORI AT WORK
Scotty Morrison

Māori at Work offers phrases and tips for greetings and welcoming people, emails and letters, speeches and social media, with specific chapters on the office, construction and roadworks, retail, hospitality, broadcasting and teaching.

This is the perfect book to start or expand your te reo journey – no matter your skill level!

MĀORI MADE EASY
Scotty Morrison

Māori Made Easy allows the reader to take control of their learning in an empowering way. By committing just 30 minutes a day for 30 weeks, learners will adopt the language easily and as best suits their busy lives. Fun, user-friendly and relevant to modern readers, this book proves that learning the language can be fun, effective – and easy!

'This is not just a useful book, it's an essential one.'
—Paul Little, *North & South*

MĀORI MADE EASY 2

Scotty Morrison

The bestselling *Māori Made Easy* gave learners an accessible and achievable entry into te reo Māori. Scotty Morrison now offers a second instalment to help readers continue their learning journey, unpacking more of the specifics of the language while still offering an easy, assured approach. Enhance your reo Māori learning with the most reliable – and easiest! – resource available.

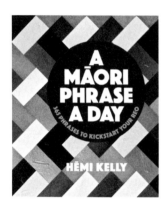

A MĀORI PHRASE A DAY

Hēmi Kelly

A Māori Phrase a Day offers a simple, fun and practical entry into the Māori language. Through its 365 Māori phrases, you will learn the following:

- Everyday uses
- English translations
- Factoids and memory devices
- Handy word lists

Presenting the most common, relevant and useful phrases today, *A Māori Phrase a Day* is the perfect way to continue your te reo journey!

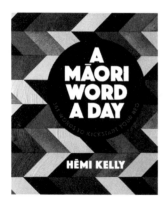

A MĀORI WORD A DAY

Hēmi Kelly

A Māori Word a Day offers an easy entry into the Māori language. Through its 365 Māori words, you will learn:

- Definitions and word types
- Fun facts and background information
- Sample sentences, in both te reo Māori and English

Exploring the most common and contemporary words in use today, *A Māori Word a Day* is the perfect way to kickstart your reo journey!

PRONOUNCE MĀORI WITH CONFIDENCE
Hoani Niwa

This book and CD set gives the basics of how to pronounce Māori correctly, while teaching a little of the language used in everyday life, and explaining: the Māori alphabet, pronunciation of each letter, syllables, stress, commonly mispronounced words and pronunciation for frequently used words, including the names of people, places and tribes.

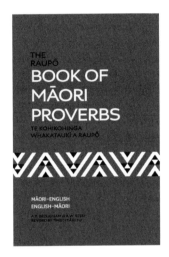

THE RAUPŌ BOOK OF MĀORI PROVERBS
A.W. Reed

Proverbs (or whakataukī) express the wisdom, wit and commonsense of the Māori people. Several hundred proverbs are contained in *The Raupō Book of Māori Proverbs*, categorised under a large number of diverse headings, with translations and explanations in English. This comprehensive and dependable book serves as both a useful reference and an insight into values of the Māori.

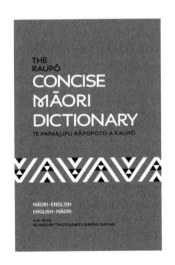

THE RAUPŌ CONCISE MĀORI DICTIONARY
A.W. Reed

The Raupō Concise Māori Dictionary is an invaluable reference work, providing an essential list of words and their equivalents in Māori and English. First published in 1948, the dictionary has been revised and updated numerous times since, giving testimony to its ongoing reliability as a reference guide to everyday Māori words.

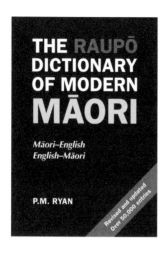

THE RAUPŌ DICTIONARY OF MODERN MĀORI
P.M. Ryan

- Contains over 50,000 concise entries divided into Māori–English and English–Māori sections.
- Includes words most commonly used by fluent Māori speakers.
- Features a vocabulary list with words for new inventions, metric terms, modern concepts and scientific, computer, technological and legal terms.
- Incorporates an easy-to-use guide to the pronunciation of Māori and a section on Māori grammar.

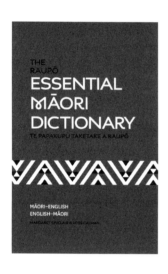

THE RAUPŌ ESSENTIAL MĀORI DICTIONARY
Margaret Sinclair, Ross Calman

- Clear, easy-to-follow Māori–English and English–Māori sections.
- All the words a learner is likely to encounter, including contemporary usage and modern terms.
- A section of themed word lists, including days of the week, months of the year, numbers, cities of New Zealand, colours, emotions, actions, parts of the body, in the classroom, and on the marae.

THE RAUPŌ PHRASEBOOK OF MODERN MĀORI
Scotty Morrison

Whether you're a novice or emergent speaker of te reo Māori, or a complete beginner, *The Raupō Phrasebook of Modern Māori* will equip you with useful phrases for the home, the marae, the workplace, meeting and greeting, eating and drinking and so much more!

'Clever but written in a user-friendly style … an important little book for all New Zealanders interested in te reo.'—Katherine Findlay, *Mana*

THE RAUPŌ POCKET DICTIONARY OF MODERN MĀORI
P.M. Ryan

- More than 20,000 entries divided into Māori–English and English–Māori sections.
- The most frequently used words in both languages.
- A guide to Māori grammar and pronunciation.
- Separate lists of key vocabulary and proverbs.

Children's

HAIRY MACLARY NŌ TE TĒRI A TĀNARAHANA
Lynley Dodd

Lynley Dodd's iconic *Hairy Maclary from Donaldson's Dairy* is translated into te reo by Waihoroi Shortland.

'Ki waho i te keti te hīkoitanga a Hairy Maclary nō te Tēri a Tānarahana . . .' Ka haere tahi nga hoa o Hairy Maclary ki a ia mea noa ake, ka oho mai he auē, he ngawī, he ngawē, makere kau ana tā rātou omanga kē. Nā te aha rā a matihao mā i marara ai?

KEI HEA A SPOT?
Eric Hill

Kei hea a Spot? is a Māori-language edition of Eric Hill's internationally bestselling lift-the-flap story, *Where's Spot?*

'Ka kino a Spot! Ko te wā kai. Kei hea rānei ia?' Join in the search for the mischievous puppy by lifting the flaps on every page to see where he is hiding. The simple text and colourful pictures will engage a whole new generation of pre-readers. Suitable for children aged 1–4 years, and perfect for bedtime.

KEI TE PEHEA KOE?
Tracy Duncan

A delightful, easy introduction to saying how you feel using te reo. Young and old alike will be able to describe whether they are feeling hōhā (bored), makariri (cold), matekai (hungry) or simply tinōpai rawe! (fantastic!). A pronunciation guide in the back of the book gives new learners to te reo a simple guide to the language.

Winner of Storylines Notable Book Award, 2009

MY FIRST WORDS IN MĀORI
Stacey Morrison
Illustrated by Ali Teo and John O'Reilly

If you'd like to speak the beautiful Māori language with your kids, this is the book to get you started!

My First Words in Māori equips your whānau with the first words you need to speak te reo at home together. Written by Māori-language champion and broadcaster Stacey Morrison, with pictures labelled in Māori and English, each page explores and reflects the faces and places of Aotearoa.

My First Words in Māori is a must-have for homes and classrooms.

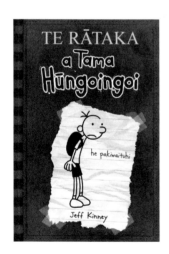

TE RĀTAKA A TAMA HŪNGOINGOI:
DIARY OF A WIMPY KID
Jeff Kinney

He kino ra te noho a te tamariki. Ko Greg Heffley tetahi e mohio pai ana ki tenei. Being a kid can really stink. And no one knows this better than Greg Heffley.

In this brilliant translation of Jeff Kinney's bestselling *Diary of a Wimpy Kid*, by Hēni Jacob, twelve-year-old hero Greg Heffley is the Tama Hungoingoi (Wimpy Kid) of the title.

A great book in any language, *Te Rātaka a Tama Hūngoingoi* is packed with laughter, gags, disasters, daydreams and plenty to keep young readers hooked until the very end.